Hodina – Steine und Bausteine 2

Peter Hodina

Steine und Bausteine 2

AVINUS
Verlag

AVINUS AutorenEdition

Die Deutsche Bibliothek – CIP Einheitsaufnahme
Die Deutsche Bibliothek verzeichnet diese Publikation in der Deutschen Nationalbibliographie; detaillierte bibliographische Daten sind im Internet über http://dnb.ddb.de abrufbar.

Umschlagabbildung: Elisabeth Ernst, „Pelz im Büro“ (1980)
Umsetzung und Repro (Vorderseite): Volker Adamietz · PICup Online-Bild- und Werbeagentur · www.picup.at
Umschlaggestaltung (Rückseite): Linda Stanke
Lektorat und Satz: Frank-Peter Hansen

Gustav-Adolf-Str. 9
13086 Berlin
www.avinus.de

ISBN 978-3-86938-002-5

Epitaph

Epitaphisch sind diese Sätze jetzt, und nichts verrückt sie, nichts nährt sie, außer Vergangenheit. Wie der eben noch gelebt Habende, kaum erkaltet, kaum dass sich seine Lebenswärme verflüchtigt hat, sich zur Stummheit von Steinen verwandelt, versteint.

> Steine wachsen aus der Erde
> wo eben noch Brot keimte
> Wälder atmeten...
>
> Steine immer mehr...
> (Günter Kunert, *Mutation*)

Als der hinabgestürzte Körper allmählich auskühlte, seine Hitze abgab an die Berge und die einsetzende Kühle des sich neigenden Nachmittags, von roten Rosenblättern umgeben – Hermann war an jenem 13. August 2006 im dunklen Anzug, mit einem Rosenstrauß in der Hand, von der Kölnbrein-Staumauer zweihundert Meter in die Tiefe gesprungen. Sein äußerlich fast unversehrter Körper war nach dem Aufschlag sicher fieberheiß und das austretende Blut kochendheiß? Oder, je nachdem, schon kalt und unbeteiligt. Toter Fisch.

Und gleich setzt das Zählen ein: ...vor viereinhalb Sekunden lebtest du noch, vor fünf Sekunden sprangst du ab, vor zehn Sekunden klettertest du über das Geländer der Staumauer, nun sind zwanzig Sekunden vergangen, schon bald acht Stunden (inzwischen bahren sie dich – provisorisch für eine Nacht – auf Kärntner Seite in Gmünd auf), vor einer Woche (jetzt liegst du schon seit vier Tagen am Friedhof in deiner Salzburger Heimatgemeinde Tamsweg begraben), vor einem Monat, vor sechzig Tagen, vor hundert Tagen, ich zähle die Tage, einzeln zähle ich sie und zähle den einen Tag zurück zum *sicheren Davor*, als dein Weg noch hätte abgabeln können in eine Weiterlebensmöglichkeit?

Im *Bardo-Thödol*, dem Tibetischen Totenbuch, erscheint dem immer noch *wachen* Verstorbenen ein LICHT, dem er sich vertrauensvoll öffnen sollte; doch seine Anhaftungen, sein schlechtes Karma lassen ihn zu lange zuwarten. Innerhalb von 49 Tagen erlischt dieses Licht immer mehr und zunehmend kommen beängstigende, dämonische Bildungen zum Vorschein. Am Ende bleibt nur noch ein einziger Lichtstrahl, der verglimmt. Aus Furcht vor den Fratzen, vor der nun eintretenden Schattenhaftigkeit wird ein neuer Schoß ergriffen und Samsara, der Kreislauf der Wiedergeburten, setzt sich für dieses Individuum abermals in Bewegung. Als ich das las, glaubte ich für einen Moment, es schon mehrmals erlebt zu haben – vor allem diese Melancholie, wenn der allerletzte Lichtstrahl die Dunkelheit nicht mehr aufzuhellen vermag, diese Melancholie der trostlosesten Verschattung, Kälte, wie sie mich auch an die totale Sonnenfinsternis vom Jahre 1999 erinnert, als die Stimmen aller Tiere für ein paar Minuten erstarben.

Ist einer, der einen geliebten Menschen verloren hat, ein *Verlierer*? Ist ein verloren wirkend Dahingehender ein Verlierer? Ist ein *Verlorener* auch ein Verlierer? Was ist mit einem Gewinner, der sich auf einmal oder allmählich selbst verloren geht? Was mit einem Menschen, der bisher zu den Verlierern rechnete, wenn er nun nachträglich gelernt hat, zu wagen sich zu verlieren und so möglicherweise zu einem verspäteten oder jedenfalls recht späten Gewinner, ja sogar *Sieger* wird?

Was war da vorhin Verstörendes? Ach ja, aus einer Gruppe von Berliner Jungs, der ich gar keine Beachtung geschenkt, die ich zuerst gar nicht bemerkt hatte (es regnete stark), rief mir einer zu: „Dein Rucksack ist offen!“ Ich bedankte mich, sah dann aber gleich, dass die Reißverschlüsse des Rucksacks alle zu waren, geradezu wasserdicht. „Opfer!“, riefen sie mir nach.

Das sind so Spiele, die mir missbehagen, die ich früh schon nicht mehr mitgespielt hatte, „schälen“ nannte man das in Österreich damals... Oder nennt es auch heute noch so, habe das Wort allerdings schon lange nicht mehr gehört, vielleicht ist es ausgestorben oder für einige Zeit stillgelegt. So können auch gewisse Gemeinheiten jahrzehntelang stillgelegt sein, sie wirken wie etwas kaum mehr nachvollziehbar Mittelalterliches. Doch böse Zeiten können wiederkehren, böse Verhaltensweisen auf einmal wieder auftauchen, von denen man glauben mochte, sie wären endgültig ausgestorben. Die „Heldentaten“ von Gruppen, die sich an einzelnen vergreifen... Also bin ich ein „Opfer“, weil ich vorschnell vertrauend „Danke!“ sagte. Oder deswegen „Opfer“, weil ich für möglich hielt, dass ich meinen Rucksack nicht sorgfältig bei strömendem Regen verschlossen hätte. Was geht es andere an? Oder ich bin einfach ihr – der Gruppe – „Opfer“… Scheint offenbar ein neues Spiel zu sein, jemand zufällig Vorbeikommenden, wenn er versonnen und versponnen seiner Wege trottet, den *Schwarzen Peter* des „Opfers“ anzuhängen. Ist es denn schändlich, ein „Opfer“ zu sein? Dieses alte, mythologische Wort – also nicht mehr „Loser“, sondern „Opfer“. Die sich auf diese Weise *fühlende* Gruppe. *Kampf ums Dasein* demnach auch schon beim harmlosen Spazierengehen angesagt? Vertreibung der Freundlichkeit, des Neutralen aus dem Alltag?

Homo homini morbus.

Lineamente einer Ethik der Unabgeschlossenheit

„[...] weiß man noch nicht, was der Mensch ist, so weiß man doch, was unmenschlich ist, auch ohne dass man schon genau wissen kann, was menschlich sei." (Ernst Bloch)

I. Würde, Selbstachtung, Selbstbehauptung

Die Würde des Menschen besteht unabhängig davon, ob sie jemand ihm zuerkennt. Auch wenn er selbst täglich an seiner Würde zu zweifeln geneigt ist, bleibt ihm die Würde gleichsam als Transzendentalie; sie ist als manchmal kaum vernehmlicher Begleit- und Grundton seines Lebens stets vorhanden. Sie ist ihm auch in den Menschenrechten verbürgt, egal, wer immer er selbst ist, egal, wie er sich verhält oder verhalten hat, egal, für wen er sich hält oder ihm von andern eingeredet worden ist, sich zu halten. Die Würde besteht letztlich unabhängig davon und bleibt unantastbar. Sie ist für ihn der Fundus, aus dem er sich erneuern und allmählich oder gar mit einem einzigen Ruck sich in einen menschlicheren Menschen verwandeln darf.

Die Konzeption der Würde wirkt prinzipiell antifragmentarisch. Sie umhüllt den Menschen mit einem Gefühl des Geliebtseins, umspielt ihn wie ein sanfter Wind. Sie macht ihn gleichsam *ganz* zu einem Ruck, das Abgelebte, Zerstückte hinter sich zu lassen und erneut ins Kraut zu schießen.

In der Antike gab man den Verstorbenen sogenannte Totentafeln mit, und als eine solche völlig zerkratzte, mit Pech und Blut angeschüttete Totentafel könnte auch das, was wir Würde nennen und als Würde in Anspruch nehmen, am Ende unseres Lebens versinnbildlicht werden. Ich zögere, dafür den theologischen Terminus „Schuld" zu gebrauchen. Ich spreche vorerst lieber von Verwüstung, wie ja auch die Oberfläche unseres Erdmondes von den Kratern zahlloser Impakte aus dem Weltall übersät ist. Es besteht diese Tatsache des Wütens – vor allem auch des Wütens gegen sich selbst und seine besseren Möglichkeiten. Als ein Rätsel, das aufzuklären verschiedene, teilweise miteinander zusammenhängende Versuche unternommen worden sind.

Ich erinnere mich, einmal einen Opernführer aus einem Bücherregal genommen und stichprobenweise aufgeblättert und angelesen zu haben, einen schlechten Opernführer, wie ich jetzt feststellen muss, ja sogar den schlechtesten Opernführer, der mir bislang zu Gesicht gekommen ist – ein auf den Markt geschleudertes Billigprodukt in drei Bänden –, und nahezu an jeder Stelle stand geschrieben, diese oder jene Operngestalt habe in irgendeiner Szene „die Selbstachtung verloren". Egal um welche Oper es sich auch handelte, der Verfasser jenes Wälzers hatte als wohl einziges ordnendes Kriterium die „Selbstachtung" bzw. den „Verlust der Selbstachtung" der Figuren veranschlagt. Vor allem waren es die weiblichen Figuren, denen der „Verlust der Selbstachtung" nachgesagt wurde, meistens wenn sie in den Armen eines sie bedrängenden Verführers „schwach" geworden waren, einem „unmoralischen Angebot" nachgegeben hatten.

Nicht selten werden Würde und Selbstachtung gleichgesetzt. So wird davon gesprochen, jemand habe „seine Würde verloren", „sein Gesicht verloren", während im Grunde nur die Kräfte der Selbstbehauptung sich als unzureichend erwiesen und die andere, bedrängende Seite die stäkere, listigere, raffiniertere oder einfach lediglich *brutalere* war. Aber muss das fundamental-ethische Konzept der Würde an die Fähigkeit gekoppelt werden, diese Würde auch in der Bedrängnis behaupten zu können – nach dem Nazi-Motto „Wehrlos ist ehrlos"? Ich denke, dass Würde und Selbstbehauptung der Würde zweierlei Dinge sind, die mit analytischer Akkuratesse voneinander zu trennen sind.

Wir wollen die Würde des Menschen weiterhin behaupten, begründen und mit den allerbestmöglichen Gründen verteidigen, ohne uns jedoch den Rekurs, die Rückversicherung auf den lieben Gott, der die Werte-Welt garantierte, als Philosophen zu erlauben, erlauben zu dürfen. Gäbe es diesen lieben Gott – nicht einen scheußlichen Demiurgen, der uns in sein Pfuschwerk geschleudert hat (so wie etwa Strindberg in seinem paranoiden *Inferno* Gott gesehen hat, in Nachfolge gnostischer Positionen) –, gäbe es also diesen lieben Gott (und es könnte ihn ja geben, aber die Chancen für ihn stehen denkbar schlecht) als Garanten und Fundament einer Werte-Ordnung, dann läge die Bestimmung des Menschen als seines Geschöpfs einzig darin, dieser Werte-Ordnung gemäß zu handeln und sich in sie einzufügen. Die Würde des Menschen wäre in der „Ebenbildlichkeit" fundiert, wenn auch diese Abbilder, die wir dann wären, an das Urbild nur höchst unvollkommen heranreichten. Aber jeder Mensch, ausnahmslos jeder wäre ein Abglanz, ein Schimmer jenes göttlichen Urbildes. Wir wären einander allein schon in unseren jeweiligen Unvollkommenheiten nahezu gleich: Gleiche in Anbetracht der Vollkommenheit und Unermesslichkeit Gottes. Unsere endlichen Verschiedenheiten erwiesen sich gegenüber dem unendlichen Gott als geradezu nichtig. Vor Gott wären wir alle gebrechliche Nichtse, Mängelwesen, schwankende Schilfrohre.

Die Würde wäre andererseits auch ein nie endender Auftrag, ihr zu entsprechen. Wir wären Gleiche in unserer Würde wie in unserer Niedergeschlagenheit, Zerknirschung. Wir müssten vor einem solchen uns übersteigenden Gott die Augen niederschlagen, doch er wäre zugleich ein Verbündeter, ein Vertrauter unseres guten Willens, ein Klärer unserer Bemühungen.

Ich bin mir nicht sicher, ob Marx recht hatte, als er sagte, die Vorstellung des Menschen als eines *Geschöpfs* widerspreche der Würde des Menschen. Gewiss werden

Wörter wie „Geschöpf" oder noch mehr „Kreatur" manchmal in einem pejorativen Sinne gebraucht, voller Verachtung – ebenso wie die Wörter „Subjekt" oder „Individuum". Etwa wenn jemand über einen andern sagt: „Dieses impertinente Subjekt!" oder: „Mich spuckte auf der Straße eine dieser aufgehetzten *Kreaturen* an." Oder das grausame Urteil über einen andern: „Ein schwachsinniges Geschöpf ohne eigenen Willen."

Es bleibt jedenfalls der Zusammenhang zu vermerken, dass Wörter wie „Geschöpf", „Kreatur", „Subjekt", „Individuum" in einem solch pejorativen, ja diskriminierend-abstempelnden Sinne gebraucht worden sind und manchmal auch heute noch – jedoch mittlerweile seltener – gebraucht werden. Diese Wörter, eben auch in jenen Aburteilungen, die immer auch ein Zu-Ende-gekommen-Sein mit einem andern Menschen zum Ausdruck bringen, meinen alle etwa dasselbe: *Idiotenhaftigkeit*. Der Idiot als der „Eigene", Eigenwillige, Eigensinnige, sich nicht ausreichend verständlich machen Könnende oder Wollende oder Dürfende, der Idiot, um den man sich nicht mehr bemüht, den man aufgegeben hat, auf der Straße stehen lässt. Der Idiot als der mangelhaft sozialisierte Erwachsene, vielleicht auch Kind Gebliebene, in unzulässiger, nonkonformer Weise Kind Gebliebene, an dem die Jahre vorbeigegangen sind, ohne ihn recht zu verwandeln und den herrschenden Trends gemäß zu assimilieren.

Beim pejorativen Gebrauch der Wörter „Geschöpf", „Kreatur", „Subjekt", „Individuum" handelt es sich um eine typische Umkehrung eines vordem den Menschen auszeichnenden Zusammenhangs. Der Mensch war Gottes Geschöpf, seine Kreation, und er war als Individuum einzigartig, unteilbar, seine Würde bestand geradezu in diesem Zusammenhang, einschließend durchaus den Grenzfall, fortan als ein „Idiot Gottes" durch die Welt zu gehen, als Wanderer, der nirgends auf Dauer eine Bleibe findet und seine Zeitgenossen an die Vergänglichkeit aller Dinge erinnert. – Was heißt hier übrigens „seine Zeitgenossen"? Diese leben in einer andern Zeit, mit einem andern Zeit- und Daseinsgefühl, nach ihren Terminkalendern – und doch kann der Tod einen Strich durch alle Rechnungen und Kalender machen. Im seit jeher säkularisierten Heiligenkalender der Philosophie (ist nicht die ganze Philosophiegeschichte eine Geschichte der Säkularisierung, schon von den Denk-Einsätzen der Vorsokratik, insbesondere der Sophisten an?) entspricht vielleicht die Gestalt des Diogenes Sinopiensis diesem luziden Grenzfall höchstphilosophischen Idiotentums – er ist gewissermaßen ein Proto-Stirnerianer, ein Individual-Anarchist avant la lettre. Und spräche durch Diogenes die Gottheit, dann auf eine sich verbergende, sich verborgene Weise, eine heraklitеische Gottheit, die sich zeigt und nicht zeigt, die anthropologische Göttlichkeit des Leibes vielleicht – damit wäre der kynische Diogenes auch cum grano salis als ein Vorläufer Ludwig Feuerbachs oder auch Wilhelm Reichs, nicht nur Max Stirners, anzusehen.

Eine ideengeschichtliche Quelle der Menschenwürde ist die biblische Gottesebenbildlichkeit. Das Menschenbild hing deshalb auch vom Gottesbild ab. Der Kirchenvater Ambrosius etwa bringt in seinem *Sechstagewerk* diese katholisch-mittelalterliche Sicht schön zum Ausdruck: „Die Weltschöpfung ist ihrem vollen Umfang nach abgeschlossen, nachdem der Mensch fertig da ist, der die Herrschaft über alle lebenden Wesen in sich trägt, gleichsam summarisch das Universum verkörpert und die Schönheit der ganzen Schöpfung widerspiegelt."

Vom Glanz oder der Herrlichkeit Gottes fällt ein Schimmer auf den zur Herrschaft über die Natur, besser: zur *Verwaltung* der Schöpfung berufenen Menschen. Der Mensch ist als Geschöpf, als Kreatur Gottes „fertig da" (wie ein Buchstabe im Alphabet, wie eine Ziffer, wie ein Eigenname etwa), ebenso wie auch die Gestalten der Erde, die er sich untertan machen soll, als „abgeschlossen" gelten können – Ambrosius sagt sogar, dass die ganze Schöpfung „in ihrem vollen Umfang abgeschlossen“ sei. Das Ebenbild widerspiegelt das Urbild, jedoch unvollkommen. In dieser Belehnung des Menschen mit der Schöpfung ist eine der historischen Quellen der Würde ausfindig zu machen.

Aber man kann die Gottebenbildlichkeit noch tiefer verstehen, mystisch, dialogphilosophisch. Der Mensch, der Zwiesprache hält mit Gott; Gott, der Zwiesprache hält mit den Menschen. Eine trotz Altem Bund oder Neuem Bund, trotz apokalyptischen Prophezeiungen unabgeschlossene, offene Geschichte.

II. Werten und Wahrnehmen

Je mehr wir werten, desto weniger nehmen wir wahr. Wenn dem Werten nicht einfach hirnlose Identifikation mit einer ja immer nur partiellen Tradition zugrunde liegt, sondern Konsequenz aus einem einmal selbständig Erkannten, das dann für immer als Waffe festgeschrieben wurde, so hindert uns dieses Werten, dieser ein für allemal eingenommene Standpunkt daran, noch genauer zu erkennen. Wer wertet, ist mit dem, was er bewertet bzw. abwertet, schon zu Ende gekommen: offensiv und defensiv bewaffnet mit Vorurteilen. Manchmal gibt es auch noch ein spontanes Werten, mit einer gewissen Kühnheit gepaart, das sich ins Unausgemessene vorwagt und so einfachhin, als koste es nichts, Ungeheuerliches ausspricht. Es ist der Ausnahmefall. Es sind dann jene Sätze des Wahrnehmenden, nein, plötzlich Erkennenden, die von den Wänden zurückhallen. Sätze, also Sprünge, Hakenschläge ins Unermessene, noch nie so Ausgesprochene, von den ängstlichen Spießern nur als Vermessenheiten beanstandet – anstatt dass sie sehen würden, dass mit solchen kühnen Sätzen manchmal der Fortschritt voranschreitet.

III. Zielstrebigkeit und Vielstrebigkeit

Der Begriff des Willens – wie auch der mit diesem verwandte Begriff des Entschlusses oder der „Entschlossenheit“ – suggeriert eine Einheit; das zunächst vielstrebige (statt zielstrebige) Leben wird durch ihn auf eine Linie gebracht. Kein Wunder, dass gerade in Zeiten des Militarismus die „Entschlossenheit“ so gedeiht – von den Autoren des sogenannten „soldatischen Nationalismus“ (wie Ernst Jünger) bis Hitler.

Es ist übrigens gar nicht intelligent, einen einmal gefassten Entschluss bis an sein Ende zu bringen, wenn sich schon herausgestellt hat, dass die eingeschlagene Richtung falsch ist und ins Verderben führt. Doch unser ererbtes, ebenso heroisches wie dummes Männlichkeitsideal hält es mehr mit dem tragischen Scheitern als mit Intelligenz und Flexibilität. Eher reiten sie die Mähre zu Tode, als dass sie rechtzeitig umsattelten – oder auch einfach abstiegen.

So wie ein Baum nicht ans Ziel kommt, sondern allenfalls einmal reiche Früchte tragen wird, so kommt auch ein vielstrebiger Mensch nicht an ein Ziel – und wird vielleicht einmal sogar durch die Last seiner Früchte zu Boden gebeugt werden. Dieser Mensch wollte sich niemals beugen, dann aber beugt er sich *so*!

Der Baum ist immer schon am Ziel, es sei denn, man verlangte ihm Früchte ab. Und der Baum erreicht jenes Ziel nicht in einem einzigen Augenblick und gäbe sich dann mit den erreichten drei Birnen zufrieden, ruhte sich auf seinen Lorbeeren aus, sondern er wiederholt und steigert sich Jahr um Jahr in seiner Fruchtbarkeit.

Ein riesenhafter, knorriger Baum, sich in seinen Zweigen *verzettelnd*, vom Blitz gespalten und angekohlt, wie die tausendjährigen Eichen, mit ihren tausend Wohnungen für allerlei Getier. Darunter die Liebeslagerstatt. Was hieße hier noch „Zielstrebigkeit“? Der *Vielstrebige* – mit einem solchen Epitheton ornans müsste man ihn benennen, wäre man Homer, der in allem Überschuss Blinde.

Dieses riesige Mannweib einer Eiche. Beim Bemuttern bevaternd, beim Bevatern bemutternd.

Und mancher, der ein Ziel hatte und zielstrebig unter ihrer Krone vorbeischritt (ihrer kaum mehr achtend, ihr Rauschen nur mehr als Ahnung seines künftigen Ruhmes missdeutend), brachte es letztlich nur zu einem verfrühten aufgeschütteten Hügel, der noch dazu bald einsank.

> Bäume, ledig der Blätterlast,
> Entlassen die Krähenschwärme,
> Die sich gebärden, als wüssten sie,
> Wo es besser ist.
> (Hermann Lenz)

IV. Geräumigkeit und Enge

Geräumigkeit – z.B. auf das Vogelgezwitscher zu hören oder nicht, dass das nicht wichtig oder für dich im Moment nicht wichtig ist, obwohl es für dich oder für einen andern einmal wichtig werden kann, dass Vögel in Hülle und Fülle vorhanden sind, dass auch noch Lebenszeit in Hülle und Fülle da ist, dass du dir nicht andauernd zurufen musst: „Nutze den Tag!“ oder „Denke an den Tod!“

Dass du auf den Sonnenauf- bzw. -untergang achten oder auch nicht achten kannst, dass du nicht zu einer bestimmten Andachtszeit in die Sonne *hineinstarren* musst, wie Millionen es tun. Dass die Sonne nicht beleidigt ist, wenn du sie nicht beachtest, dass sie trotzdem genauso scheint, auch wenn du sie nicht anbetest.

Etwas so Banales ist Geräumigkeit. Eigentlich die Möglichkeit zu staffeln in der Wahrnehmung der Welt, ein Hintereinander zuzulassen, ja als Vorteil zu empfinden.

Nicht wie Nietzsche das In-Abrede-Stellen der „Hinterwelt“, sondern, was heißt *eine* Hinterwelt?, nein, zwei, drei, vier, ich möchte nicht so weit gehen und sagen unendlich viele Hinterwelten, aber so doch dann einige.

Der – existentialistisch gesprochen, deutsch-existentialistisch, theologisch-existentialistisch – „in die Entscheidung gestellte“ Mensch, der, auf einen Punkt gebracht, sich jetzt durchs Nadelöhr der Not und äußersten Bedrängnis hindurchquetschen muss, durch seinen existentiellen Karfreitag (die Todesanalogie, die Maß fürs Leben wird!), um ein gewandelter, wiedergeborener oder wenigstens erwachsener Charakter zu werden (oder gottwohleingebetteter, eingesargter)... Zur Entscheidung gerufen, in Bereitschaft, auf Posten – das klingt zudem nach Militär und war auch so gemeint. Dieses Dispositiv war für die Großeltern-Generationen das prägende, aber es ist eine fürchterliche Beengung, Wahrnehmungsreduzierung, ich will so weit gehen und einfach nur sagen: wir brauchen das nicht mehr. Diese zusammengequetschte Dauerwurst aus Theologie (mehr protestantische als katholische), Existentialismus, Kriegsdienst- und Opferbereitschaft, Entwertung lässigeren Lebens und Wahrnehmens, Zucht auf den Punkt der *Generalrasur* hin, wo du vor Gott = Staat nur mehr nackt bist und rechtlos, bereit zur Verschickung wohin auch immer. Diese Todespestilenzialität, die sich zum Maßstab fürs Leben erklärt und ihre bösartig funktionierende Hierarchie hat.

Ich setze dagegen Hinter- und Nebenwelten, jede Menge davon gestaffelt, so stelle ich mir sogar den Raum vor, als hinter- und nebenweltenermöglichend, sich aus Hinter- und Nebenwelten konstituierend, sich in Hinter- und Nebenwelten verschachtelnd, Korridore durch Neben- und Hinterwelten bahnend, diese verknüpfend. Ja sich aus Vorauswelten hervorwölbend.

Dass wir dort wieder angelangt sind, wo das Leben sich als ein durchaus gemischtes, unbereinigtes zeigt, nicht als ein angestrengt geordnetes, auch nicht als Exuberanz des Kreativen, als ein nietzscheanischer „Großer Mittag“ oder als durch und durch „gelungener Tag“, auch nicht zu einem vergoldeten Augenblick, zu dem gesagt werden könnte: „Verweile doch, du bist so schön!“

Wo das Leben nicht aus „Zurüstungen für die Unsterblichkeit“ (Peter Handke) besteht, wo überhaupt nichts Besonderes oder Grandioses sich ereignet, auch das Sich-Quälen am Unzulänglichen und an den Splittern des Misslingens beinahe unterbleibt, man weder sich noch andere zu etwas aufruft, allenfalls ernüchtert zu berichten wäre von einem bewölkten Himmel über uns und keinem überwertigen moralischen Gesetz in uns, das Leben eher dahinvegetiert, dahinflaniert, verstreicht (ohne Bedauern), ein verhangener Tag, an dem unvermutet hinter den Wolken Tupfen eines heiteren Hellblau erscheinen, das wir nicht verdient haben, als dritte Schicht über unserer inneren Unbestimmtheit und den äußeren trüben Verhangenheiten. Wäre da nicht vielleicht die Stunde gekommen, ein Aquarell zu malen? Und könnte nicht auch die Philosophie von einer solchen Stimmung erfasst werden?

Es sollen ja auch Menschen unter uns leben, deren Naturell so glücklich veranlagt ist, dass sie weder sich noch andere besonders quälen, deren Leben nicht von Idealen – weder von hellen noch von dunklen – verzerrt wird, die aber deswegen noch lange nicht in einer trüben, unempfindlichen Mittelmäßigkeit versacken. Diese haben kein mechanisches Verhältnis zu sich, sind dem „Mythos der Maschine“ (Lewis Mumford) nicht erlegen. Die „reine Tathandlung“ interessiert sie kaum – sie erscheint in solcher Perspektive als eine höchst kuriose, abstrakte Gedankenkonstruktion. „Bewusstheit“ oder sogenanntes „bewusstes Handeln“ wäre nur vorübergehend, intermittierend an sich zu beobachten, keineswegs auf Dauer gestellt und habitualisiert oder gar andern als Verpflichtung vorgelebt. Nicht als Rezeptur ihnen vor-verordnet, dass man mit „kleinen Schritten“ vorwärts zu gehen hätte. Denn selbst dieses Vorwärts bleibt fraglich! Eher Wellenbewegungen des Lebens, ruhige und bewegtere, manchmal stürmische, gefährliche, in denen manövriert wird, Atemzüge, die meisten davon unbemerkt, unwillkürlich, gar nicht eigens trainiert.

V. Lob des Adiaphorischen

Das Leben, aus einer riesigen Zeitmasse von „Adiaphora" errichtet (wie eine Sandburg aus Myriaden von Sandkörnern), wohingegen die Zahl der wirklich ethischen Wertentscheidungen und Handlungen eine endliche, engbegrenzte wäre. Das meiste wäre also ethisch oder deontologisch indifferent bzw. neutral.

Wie auch bei einem guten Fußballspiel die Schiedsrichterentscheidungen nur *Unterbrechungen* des Spiels sind (allerdings notwendige Unterbrechungen), doch der Spielfluss anderswo ist und sich aus dem Spiel und dem Zusammenspiel der Spieler selbst konstituiert. Der *expliziten Ethik* käme nach einem solchen Gleichnis hauptsächlich die Rolle eines Schiedsrichters in schwerwiegenderen Konflikten und Dilemmata des Lebens zu, um eine gedeihliche Praxis (Eupraxis) so rasch wie möglich wieder in Gang zu bringen. Alles andere erfolgte aus *immanenten* bzw. *impliziten Ethiken*, die meistens nicht eigens explizit gemacht werden müssen. Ethiken, die der jeweiligen Sache innewohnen, sachgemäß und zweckdienlich sind.

Autofahren z.B. hat eine immanente Ethik (Beherrschung und Wartung des Fahrzeugs, Einhalten der Regeln des Straßenverkehrs, Mitdenken usw.), die man sich jeweils in kritischen Momenten oder beim Erlernen des Autofahrens bewusst in Erinnerung ruft. Allerdings könnte man den massenhaften Gebrauch des Autos insgesamt in Zweifel ziehen, wie man ja auch eine Reihe anderer Einrichtungen, in denen immanente Ethiken existieren, mit mehr oder weniger triftigen (auch ethischen) Gründen in Zweifel ziehen kann.

Jeden Lebensaugenblick zu versittlichen – oder wie es in der Sprache der Frömmigkeit heißt: zu „heiligen" –, käme einer *Verumständlichung des Lebens* gleich. Zum Glück gibt es jene riesige Zeitmasse der „Adiaphora", zum Glück gibt es jene vegetative Un- oder besser Halbbewusstheit um uns herum und in uns, die uns gestattet, nicht wie Uhrwerke mechanisch im gleichmäßigen Takt der Sitte zu laufen, sondern unsere eigene Rhythmik zu leben. Heiligkeit im Sinne von perfektionierter Sittlichkeit ist ein langweiliges, steriles, abstoßendes, jämmerliches und kaum konsequent durchführbares Ideal. Diese defiziente Heiligkeit bildet dann Enklaven ihres Gegenteils aus, wird zu Scheinheiligkeit und Moralschauspielerei. Ebenso ist ein dem Rationalismus mit übersteigerter Strenge verhaftetes Lebensprogramm stets anfällig für die Verlockungen eines spektakulären Irrationalismus, für das Umschlagen in sein Gegenteil.

Die Anerkennung und Akzeptanz der „Adiaphora", überhaupt der milderen und mittleren Lagen, der gemischteren, gewöhnlicheren, weniger extremen Situationen schafft eine größere Elastizität und Geräumigkeit der Lebens- und Erlebens-, ja auch der Denkverhältnisse.

Nicht jede gute Routine braucht der größeren Bewusstheit wegen in Stücke gehauen zu werden. Nicht jede harmlose Geste eingespielter Höflichkeit braucht durch Nichterwiderung brüskiert zu werden.

Die Menschheit hat auch nicht darauf gewartet, von den Philosophen auf ihre Sterblichkeit aufmerksam gemacht zu werden. Die Philosophie braucht keinen sadistischen Ingrimm, um eine vermeintlich gedanken- und gefühlsträgere Mitmenschheit die Qualen „authentischer" Bewusstheit kosten zu lassen. Frei von jeglichem Missionarismus und ganz unextremistisch ist sie nicht darauf erpicht, andere mit sich anzustecken.

Wie *nobel* muss man sein, um wie Valéry eine „Nacht von Genua“ zu haben oder wie Pascal seine Bekehrungsnacht. Wie vornehm muss man seinen Tag im Griff haben, seine Nächte, seine Beziehungen. – Aber auch die Umgebungen müssen das spiegeln. Wie sehr muss man an seinen eigenen Charakter glauben. Doch in dem allgemeinen Schutthaufen der vom Fernseher nachts beflimmerten Appartementhöhle des heutigen Dichter-Singles, was hat da noch Anfang und Ende, Hand und Fuß?

Ich habe längst die Vorstellung fallengelassen, dass es eine Stufenleiter der moralischen Vervollkommnung gäbe. Diejenigen, die sich auf dieser Stufenleiter ganz oben wähnen, sind die Allerverblendetsten. Die Leiter, die in den Himmel ragt, bricht plötzlich im Leeren ab, von einer Wolke, der Wolke des angeblichen Nimbus dieser Oberen und Obersten, den darunter Emporklimmenden noch verborgen. Da oben ist nichts als leere Bangigkeit. Dies ist der eigentliche babylonische Turmbau: die Übertragung des Hierarchie-Prinzips auf die menschlichen Emotionen. Außerdem gibt es keinen Superlativ hinsichtlich der Menschlichkeit: vergeblich, danach zu streben, der Allermenschlichste aller Menschen werden zu wollen!

VI. Suizid

Bisher glaubte ich immer, ein Suizid – vor allem eines gesunden, jungen, zu klarem Denken befähigten Menschen – bringe auch ein Urteil über das Leben, über die Welt im ganzen zum Ausdruck; ich dachte, es müsste immer in dem Suizidanten zu einem abschließenden Urteil über die Welt gekommen sein, wenn er mit seiner Selbsttötung dann die Konsequenz aus dieser in ihrer Gesamtheit, besser: Substanz erfassten Welt, die ihm als nichtig erscheint, zieht. Der Suizidant habe also so etwas wie eine *negative Erleuchtung* durchgemacht, die ihm das Leben insgesamt verleide. Eine Art objektiver Erkenntnis dabei. Und aus dieser objektiven Erkenntnis – damit verallgemeinerbaren, ja allgemeingültigen Erkenntnis (wenn die Leute nur bereit wären, ebenfalls die Nichtigkeit der menschlichen Existenz zu erkennen) – macht er dann Schluss mit seinem Leben. Aber so läuft das für gewöhnlich nicht.

Es gibt so etwas wie einen depressiven, zugleich von sanftem Mitgefühl begleiteten Sog, der in die Untröstlichkeit, in die vollkommene Einsamkeit – und nicht nur in den eigenen vier Wänden, sondern auf offener Straße, sogar im Zusammensein mit befreundeten Menschen – driften lässt, und es läge dann kein vernichtendes Urteil über die Weltgesamtheit einem solchen Abscheiden zugrunde, sondern man wäre auf einmal nicht mehr in der Lage, aus seiner Einsamkeit und ihrem Sog herauszukommen, es wäre, wie wenn plötzlich der Puls immer langsamer ginge, während die andern geschwätzig lärmen und sich wie immer ihre Phrasen zuwerfen, wie wenn in einem selbst das Leben seine Kraft verlöre, vielleicht sogar ohne äußeren Anlass – oder doch meistens ausgelöst und angestoßen durch einen Anlass. Dass in solcher Befangenheit dann kein Urteil mehr über irgendetwas erfolgt, dass also der Suizid demnach nicht das Resultat eines klaren und deutlichen Urteils und eines daraus abgeleiteten Entschlusses sein müsste, sondern einfach der Schlusspunkt einer einen vielleicht sogar plötzlich wie ein nicht heißes, sondern abkühlendes, negatives Fieber befallenden Einsamkeit.

Wie ich selber mich dabei ertappte, immer noch so ein komisches Pflichtgefühl mit mir herumzutragen, dass, wenn ich nicht hundertprozentig und allgemeingültig die Sinnlosigkeit der Welt bewiesen hätte, ich mich nicht umbringen dürfte. Es gab zwar Denker wie z.B. jenen Philipp Mainländer aus dem 19. Jahrhundert, der tatsächlich der Ansicht war, die Sinnlosigkeit des Lebens bewiesen zu haben und sich dann auch konsequenterweise erhängte (am 1.4.1876; als Podest diente ihm ein Stapel der erst am

Vortag eingetroffenen, druckfrischen Belegexemplare seines Hauptwerks *Die Philosophie der Erlösung*), und es kann im Zuge des Grassierens einer solchen Auffassung von Philosophie oder auch Literatur zu einer regelrechten epidemischen Selbstmord-Welle kommen (*Werther*!, „sich werthern", diesen Ausdruck gab es), dass es sozusagen modisch wird, sich umzubringen (wenn dies auch dann nur epigonenhaft wäre, bloßes Nachahmungstätertum), doch in den häufigsten Fällen von Suiziden dürfte ein solches Muster nicht ausdrücklich vorliegen. Also nicht die zuerst schlüssig als sinnlos erkannte Welt und das anschließende Sich-Verabschieden aus ihr.

Wenn ein Philosoph Suizid begeht, fragt man sich gewohnheitsmäßig immer, ob sein Suizid nun als das Ergebnis seines Denkens zu verstehen sei. Er könnte mit der Welt philosophisch abgeschlossen haben, so lautet die Vermutung, die Annahme. Aber es ist ebenso möglich, wenn nicht sogar wahrscheinlich, dass völlig oder doch ziemlich unabhängig von seinem Denken ihn eine Depression erfasste, die, exogen verstärkt und in Schussfahrtslinie gebracht, als ein endogener „autonomer Komplex" im Seelenleben wirksam war; dass ein solcher Mensch sich vielleicht durch Denken und eine gewisse ironische Tapferkeit an der Oberfläche seiner ihm innewohnenden Schwere halbwegs zu halten gesucht hatte, bis dann der Sog doch übermächtig wurde und eine Absolutheit ganz anderer Art erzeugte als die philosophische Absolutheit, die doch immer nur objektiv orientiert ist: eine Absolutheit, die nach innen geht bzw. nicht mehr aus sich herauskann, eine subjektive, kaum mehr zu kommunizierende Absolutheit, die absolute Einsamkeit als Depression. Dass diese Depression dann nicht eine Form der Erstarrung ist, sondern auch noch Schübe durchmacht, in denen die Erstarrungen wie Eisblöcke abschmelzen, dass ein solcher Mensch, so sehr er gewohnt war, sich zu disziplinieren und sich und andern gute Laune zuzufächeln, schließlich mit emotionalen Tiefen seiner selbst konfrontiert wird, die nun nicht mehr nur seine Erstarrungen und Panzerungen, *sondern die ihn selber einschmelzen*, bis gar keine Widerstandskraft mehr vorhanden ist. Vielleicht wird das Bilderbuch des Lebens, das er in seinen letzten Tagen und Stunden durchblättert, nicht immer schwärzer, sondern im Gegenteil bunter, und er bejaht sogar und versteht, ja liebt auf eine gänzlich unaggressive Weise nunmehr dieses Leben, das Leben der andern, sein Seelenleben, aber es ist trotzdem das Ende statt ein Neubeginnen. Weil er dieser in ihm aufbrechenden und aufschmelzenden Tiefe nicht mehr gewachsen ist, weil sie seine Sicherungen wegspült, mit denen er bisher sein Ich definierte und ökonomisch funktionieren ließ. Die Wirkung etwa wie eines Drogen-Trips, wo dann der Junge aus der Plattenbausiedlung, der Indianer werden wollte, mit einem lächerlichen Faschingskostüm und Pfeil und Bogen vom siebten Stock aus dem Fenster springt mit psychedelischen Pilzen im Mund.

Das Emotionale, das vom Intellekt nicht vollkommen bewältigt werden kann, was ja die Tiefenpsychologen auch erkannten – das Ich ist nicht Herr im eigenen Haus –, das vielmehr als ein „autonomer Komplex" wirkt, dem auch philosophische Reflexionen und daraus abgeleitete Lebensbewältigungsmaximen und -strategien nur äußerlich bleiben.

Müsste man nicht, nähme man Nietzsches Ermahnung, sich selbst zu achten, ernst, gerade diesen „autonomen Komplex" in seiner Unzulänglichkeit achten wie eine Gottheit oder ein „Daimonion", ihm seinen Platz, seine Stätte einräumen, ja ihm auch Opfer bringen, es zu besänftigen suchen, ihm das ihm Zustehende geben – und wirkte es manchmal auch reichlich bizarr, eines Philosophen und Kulturmenschen nicht würdig?

Die Natur, vors Jüngste Gericht gebracht, nahm gehörig hierarchisch Aufstellung, aufgestockt durch Übernatur, etwa in Form einer Kathedrale. Gott, wie die Menschen die universelle Liebe nannten, sollte nun richten. Er fand seine Schöpfung durch diese hierarchische Form in eine unerträgliche Langeweile gebracht, ja getötet. „Nie habe ich gewollt, dass ihr euch wie eine Kathedrale vor mir aufstellt!“ Und er schlug zuerst die Spitze ab, dann griff er tiefer hinein und zerriss das Riesenspielzeug. Er wollte, dass das Leben weiterhin durcheinanderging, er malte wilde Bögen in diese Ordnungsversuche hinein, schuf erneut Gebirge, die unüberwindlich waren, riss Krater auf. „Ich hasse eure Streberei!“, sagte Gott und zerstreute das Leben noch tiefer ins Universum hinein. Plotin, Origenes, Augustinus, Dionysios-Areopagita, Cusanus waren entsetzt, versteckten sich im Chorgestühl, während Gott die Kathedrale zertrümmerte, die angeblich ihm zu Ehren errichtet worden war. Gottes Zorn war angesichts der Ordnungen am größten. „Aus Fleisch und Blut habe ich euch geschaffen, nicht aus Licht!“

Meine Charakterfehler sitzen mir, beißend wie ein unbequemer Kunstfaser-Pullover, auf der Haut, dass ich mich fortwährend kratzen möchte vor Unzufriedenheit; an manchen Tagen, zu manchen Stunden bin ich von diesem Kratzen so in Anspruch genommen, dass ich fast glauben möchte, *nur* dieses Kratzen zu sein und keine Person.

Hinter vielen Selbstmorden steckt eine psychische und soziale Unendlichkeit, die Unlösbarkeit des Lebens selbst für ein Subjekt; gerade diese Unendlichkeit ist Ausdruck der Unlösbarkeit; das unendliche Grübeln über unlösbare Menschenbeziehungen, unlösbare Kränkungen, von denen man sich nicht heilen kann. Auch, vor allem: *unlösbare Selbstbeziehungen...* Der Selbstmörder nimmt für gewöhnlich die komplexe Theorie seines, ja *des* Lebens mit in den Tod. *Nur er* ist sich selber unverständlich geworden (oder *allzu* verständlich, was eine Sonderform der Unverständlichkeit wäre); *wir* hätten, die Fäden seiner Theorie verfolgend, die Unlösbarkeit, die *er* sah, nicht so gesehen.

Aber die Brücke zu uns bestand nicht mehr oder brach auseinander.

Nachdem der Mensch einmal sterben muss, in diese Erde wieder hineinmuss, um sich in ihr aufzulösen, hat er gleichsam schon dadurch das höchste Recht (nimmt er es sich), dem Weltstoff als solchen zu misstrauen und ihn zu verändern. Als Schadloshaltung für den Tod, den er einmal erleiden muss. Die Antizipation seines Endes scheint jede Manipulation am Weltstoff durch den Menschen zu legitimieren. Der Todeskandidat kann den Boden seiner Gefängniszelle beschmutzen und verwüsten, wie er will.

VII. Brechen

Zeiten, in denen wir ratlos sind (aber nicht händeringend ratlos), in denen wir endlich keinen Sinn realisieren, Abwesenheits-Inseln, also Zeiten, in denen wir uns nicht intentional verhalten, in denen wir zunehmend nicht mehr fragen, was uns fehlt, Zeiten bloßen Verweilens, in denen die Sucht brachliegt, in denen wir uns abhanden gekommen sind, andern abhanden kommen, die andern uns abhanden kommen, die Welt uns abhanden kommt, wir der Welt abhanden kommen. Oder anders gesagt: unsere Teilnahme eine andere ist als sonst. Zeiten, in denen wir nichts unter Kontrolle halten...

Und wir blättern in jenen oft sehr ideologischen Büchern, derentwegen wir uns überhaupt auf die Suche begeben hatten, in jenen oft sehr sinntriefenden absolutistischen Schmökern, die heute ihren Blutpurpur abgelegt haben und die heute noch so vergilbt sind, wie sie damals schon vergilbt waren, und ihr Geruch hat sich nach zwanzig Jahren nicht geändert. Wir sind anders geworden, obwohl uns treu bleibend, mit manchmal welcher Heftigkeit uns treu geblieben, den Bruch kalkulierend, den Bruch aussprechend, manchmal zu spät. Manchmal brechen wir ja erst nach einem Jahrzehnt, weil wir erst dann bemerken, wie wir betrogen worden sind, wir, die wir andere geworden sind, brechen mit dem andern, der ein anderer heute ist, wir sprechen in jenem angeschwollenen Rest unseres gestrigen Ichs den Bruch aus, um ein Jahrzehnt verspätet, aber wir sprechen ihn plötzlich definitiv aus, er muss jetzt ausgesprochen werden, jetzt, zu einem ganz andern Zeitpunkt als dem angemessenen; es ist schon absurd, den Bruch auszusprechen nach zehnjähriger Abwesenheit, wir sind ja schon rein äußerlich ganz andere geworden, wir kennen uns schon kaum mehr, unsere Begegnung damals – ein Missverständnis, ein sehr gravierendes, immer mehr schmerzendes, eine sich immer mehr als Grausamkeit herausstellende, zutiefst notwendig gewesene Begegnung... Und der unzeitige Bruch quittiert diese Grausamkeit angemessen. Der Konflikt verschleppt sich so lange, bis der Bruch, manchmal schon am Rande des Grabes, ausgesprochen wird; es ist fast schon nur noch Narrentum, wenn ich ausspreche: „Ich breche mit Ihnen“, ja, es muss wie Narrentum wirken, jetzt, nach über zehn Jahren, ein Telegramm an denjenigen zu schicken, mit dem ich brechen *muss*, um weiterleben zu können. Dabei könnte ich ihm ebensogut meine Freundschaft antragen statt dem Krieg, so absurd ist das alles geworden, Hass und Liebe sind in diesem Fall gänzlich austauschbar geworden. Ich könnte ebensogut und mit gleichem Recht schreiben, dass ich ihn liebe, statt ihm zu telegraphieren, dass ich ihn hasse und mit ihm breche und mich ein Jahrzehnt lang von ihm (sogar in seiner Abwesenheit) missbraucht fühlte. Ist er der Schuldige?

So wie heute der Blutpurpur aus dem apologetischen Buch gewichen ist, so bin ich ja heute ein anderer; ich glaube zwar noch, mich an alles erinnern zu können, bis ins Detail, doch auf den Fotos von damals erkenne ich mich nur mit Mühe... Jemand zeigt mir Fotos von früher, die ich nicht kenne, von deren Existenz ich nichts wusste, und ich finde mich selbst nicht mehr, nur an Kleidungsstücken rekonstruiere ich mich, finde mich, das soll ich gewesen sein? Und im Namen jenes aufs Foto gebannten Menschenphantoms soll ich jetzt mit zehnjähriger Verspätung den Bruch aussprechen, im Namen jenes Jünglings, dessen Haar noch dicht und dauergewellt war, im Namen jenes unreifen, mit lauter falschen Ansichten ausstaffierten, unsicheren Jünglings? Sofort telegraphieren: „Ich breche mit Ihnen, letztlich grundlos." Das wäre fast ein Verzeihen. In gewissen Beziehungen muss man brechen. Man muss mit dem Vater beispielsweise brechen, keine Frage. Man muss mit der Mutter brechen, man muss ihr Herz brechen, sonst kommt man nicht voran. Man muss mit allzu einflussreich gewesenen Lehrern brechen. Es ist eine Freude, zu brechen. Es hält lebendig. Es ist eine Wiederauferstehung, wenn man bricht. Mit jemandem zu brechen, ist viel nobler, als von jemandem gebrochen zu werden. Es hat etwas Feierliches. Es bringt Selbständigkeit zum Ausdruck. Man braucht zum Brechen mit jemandem keine Gründe. Man bricht mit ihm einfach, weil es Zeit dazu ist. „Auf Nimmerwiedersehen!" *Man muss brechen, allein schon weil der Begriff des Brechens existiert.*

VIII. Sensibilität

Manchmal begegnen wir einer Sensibilität, die gar nicht uns gelten muss und die uns bestürzt, die uns – roh, wie wir noch sind – in eigenartiger Verkehrung der Wirklichkeit geradezu *schmerzt*, die ärger noch als Schlag und Schnitt unter die Haut geht. Ja, es gibt Arten des Zartsinns, der Zärtlichkeit, die uns, weil ungewohnt, die Haare zu Berge stehen lassen, die uns schaudern machen. So kürzlich, als ich in einem Film eine Meeresschnecke sah, die von einem sanften menschlichen Finger unter ihrem Gehäuse gestreichelt wurde und die sich dann wie in einem

Liebesspiel hervorwagte, schäumend, schleimig, das ging mir durch und durch – und es war doch ein Mysterium, es war nicht nur Grausen meinerseits, sondern überwiegend Nichtgrausen, Neugier, atemlose Spannung, Bestürzung. Auch kam mir der Gedanke, dass in diesem Tier sich eine ganz bestimmte Sensibilität verkörpert hat, die in einer harten, gewundenen, palastartigen Schale haust, die einen ungeheuren Aufwand diesem seltsamen, wunderbaren Haus gewidmet hat... Und die dann nur nach Überwindung eines inneren Widerstands, ja Ekelgefühls anzufassen ist, sodass nicht sie, sondern wir selbst in der Berührung zusammenzucken, als wären *wir* diese Sensibilität und nicht *sie*.

Gegenüber fremden Lebensformen verhält sich der Mensch wie ein Autist. Es wäre also auch denkbar, dass sich nicht der „Geist" in der Natur verkörpert, materialisiert, sondern dass es die *Sensibilität* ist, die sich mit dem Nichts nicht begnügen will und sich deshalb in einem Körper, *als Körper* verwirklicht. – Nehmen wir an, wir müssten unsere Wege alle zu Fuß zurücklegen, und ich wäre zufällig auf einem Fußmarsch ans Meer gelangt und sähe am Strand einen Eingeborenen, der mir zum erstenmal in meinem Leben eine solche Schnecke zeigte. – Durch das rasche Überwinden der Distanzen ist der Mensch auch sinnlich überfordert; es wird ihm eine Sinnlichkeit abverlangt, die er nicht ohne weiteres entwickeln kann. Ein Flugzeug nehmend, ist es, wie wenn wir mit einem einzigen Blick ein Ziel anvisierten und erreichten. Wie mit den Siebenmeilenstiefeln in Chamissos *Peter Schlemihls wundersamer Geschichte* ist es, dass wir mit nur wenigen Schritten in diesen technischen Stiefeln schon sogleich das andere Ende der Welt erreichen, sodass wir uns die Hemmschuhe einer modifizierten Sensibilität überstreifen müssen, um nicht überall anzustoßen und die Dinge zu zerstören.

IX. Abgründe der Freiheit

Abgründe der Freiheit: Wie wenn zu den Gebirgen, die wir kennen, zu den Gebirgen, die sich über den Meeresspiegel erheben, nunmehr auch noch die negativen Gebirge hinzuträten, die Senken und Schluchten unter dem Meeresspiegel, das Relief des Meeresgrundes... Ein Mensch, in dessen Belieben alles steht, auch das Schweigen, das Verstummen, der Verzicht auf Wirksamkeit. Letztlich sind es aber die Mysterien der Arbeit; indem wir vorstoßen, provozieren wir eine Veränderung der Außenwelt. Vielleicht färbt sich unser Stern.

Manche Menschen nehmen ihre Unmenschlichkeit in einem solchen Grade wahr, dass sie davorstehen wie vor einer Mondlandschaft, einem Grand Canyon. Es geht nicht darum, gewisse Schandbarkeiten zu beichten, als handelte es sich dabei um isolierte Taten, die wieder gutgemacht werden könnten. Es gibt Taten, die überhaupt nie stattgefunden haben, die nie stattfinden werden, die nicht einmal mehr in der Phantasie begangen werden. Und man sieht sie wie Schlagschatten auf der Reliefkarte der Psyche. Es sind geradezu allgemeine Fehler, Denkfehler, emotionale Fehler, von denen man nicht frei ist, die man aber als zutiefst fremd und verheerend empfindet.

Es gibt Ideen, schnelle, leichte, provisorische, sich verzweigende, differenzierende – und es gibt solche des Schwarz-Weiß-Malens, der verletzten Ehre, solche, die wie dunkle Wolken sich zusammenballen und ein Gewitter zur Folge haben, destruktive, maligne Ideen der Entdifferenzierung. Oft kann schon die Begegnung mit einem feinen Menschen, der lieber immer weiter differenziert statt zu vorschnellen und falschen Schlüssen zu gelangen, eine innere Anspannung entkrampfen. Wenn kein Grund mehr besteht, sich zu fürchten, wenn kein Grund besteht, um die eigene Identität und Unversehrtheit zu bangen.

Eine humane Gesellschaft muss sich nicht durch eine ausgeklügelte Weltanschauung auszeichnen. Das Humane ist vielleicht immer in einer gewissen Sprachnot, ist nicht sehr beredt. Trotzdem können die Herzen in Einklang sein – und das ist nicht nur ein Bild, eine Metapher, sondern eine psychosomatische Realität. Das Humane ist nicht deshalb verloren, weil wir keine vollkommene Sprache oder vollkommene Theorie dafür haben. Atmen, Schweigen, plötzliches Abbrechenlassen des Redeflusses, dem ausgesprochenen Wort hinterher horchen (wie es nachtönt, leer, künstlich, wie durch ein Rohr gesprochen; wir erschrecken vor dem Donner unserer Wörter, vor deren Gewalttätigkeit; unsere Wörter gehören uns nicht).

Mit Wörtern alles zupflastern – vor allem die Angst. Wir beschwätzen die Symptome unserer Sterblichkeit. Die Diskurse ziehen ihre Kondensstreifen.

„Wie fänden Sie eine Mutter, die nicht aus Neigung, also aus Liebe gut zu ihren Kindern wäre, sondern allein deshalb, weil ‚die Maxime ihres Handelns als Prinzip einer allgemeinen Gesetzgebung gelten könnte‘? Da lobe ich mir jede Bruthenne, die ihr Junges unter ihre Fittiche nimmt.“ (Günther Anders)

Mit Pferden ist nicht zu scherzen

Es war kurz nach dem Zweiten Weltkrieg, als ich an der philosophischen Fakultät der Universität Göttingen *Über den Begriff der ‚Pferdheit‘ bei Aristoteles mit besonderer Berücksichtigung der Wesensphänomenologie Max Schelers* promovierte. Obwohl ich mich kaum für Zoologie interessierte und auch kein Reiter war, zwei- oder dreimal vielleicht einen Pferdekopf betätschelt hatte (er fühlte sich härter als vermutet an), schien es mir damals doch geboten, das Problem der aristotelischen Wesenheit anzupakken, um das Abendland zu seinen geistigen, das heißt griechischen, Ursprüngen zurückzubeordern. An der „Pferdheit der Pferde“ wollte ich, unterstützt von den demokratiebeflissenen Alliierten, den Deutschen, die sich in die Deutschheit verrannt hatten, die Menschheit der Menschen zurückgewinnen. Eben noch war mir Hitlers Verewigungsbestreben unangenehm aufgestoßen, ein monumentales Exemplar von *Mein Kampf*, dessen Deckel mit mächtigen Stahlschrauben verschlossen worden waren, in einer künstlichen Höhle am Fuß der Zugspitze einzubetonieren.

Den Krieg verbrachte ich in Ställen und Sennhütten, und aus lauter Einsamkeit, wie sich verstehen lässt, erregte ich mich an den Hengsten, die die Stuten besprangen. Das Pferd ist tiefenpsychologisch ja mit Wollust identifizierbar, und so wollte ich einen transzendentalen Begriff von der „Pferdheit“ gewinnen, der es mir möglich machte, meine Sexualität wesensphänomenologisch zu sublimieren.

So war ich also, unbelastet von jeglichem Faschismus, als Philosoph herausgekommen, mir das Stroh aus den Haaren kämmend. Als ich mit der Doktorarbeit unter dem Arm zu Tal stieg – meine Füße waren vom jahrelangen Aufenthalt in größtenteils unterirdischen Verstecken unsicher geworden –, rutschte ich aus und donnerte mit einer Geröllawine etwas über hundert Meter talwärts. Dieser Unfall, den ich (wie es schien) mit ein paar Schürfwunden heil überstanden hatte, hätte mir eine Warnung sein sollen. Das Schicksal winkt nicht zweimal, bevor es endgültig zuschlägt.

Nachdem ich bei der Doktorpromotion in Göttingen den Stab des Rektors berührt hatte, brach ich infolge eines Blutgerinnsels im Gehirn, wie sich bei der anschließenden Obduktion im gerichtsmedizinischen Institut derselben Universität herausstellen sollte, tot zusammen. Immerhin war in mein Grabkreuz der akademische Grad des Doktors der Philosophie eingekerbt.

Ich fuhr in einer Art Bergwerksgrubenaufzug einen nach oben heller werdenden Schacht empor, bis ich mich in einem Raffineriegelände wiederfand, das zwischenhindurch heiter begrünt und mit zahlreichen Löwenzahngruppen bestückt war. Ein athletischer Mann in einem weißen Overall empfing mich. Er hatte einen silbernen Vollvisierhelm auf dem Kopf. Mit einem feurigen Schlüssel schloss er eine unscheinbare Wellblechhütte auf. Wir setzten uns in einen Wagen, der auf Schienen lief, deren Verlauf mehr an eine Achterbahn denn an Bergwergshunten erinnerte. Ich muss inzwischen mehrmals mein postmortales Bewusstsein verloren haben, denn ich erwachte, beinahe gewichtslos, in einem kalten, abgedunkelten Saal. Der weiße Diener war hinausgetanzt und nicht wiedergekommen.

Plötzlich wurde Licht angeknipst, und ich saß einem merkwürdigen Paar gegenüber, in der Größe von Gartenzwergen. Sie stellten sich mir als Osiris und Persephone vor, was mir aus altertumskundlichen Gründen suspekt erschien. Eine Waage schimmerte bläulich – sie war, wie ich erkannte, teilweise vereist. Aber anstatt die guten gegen die bösen Taten, die ich im Leben begangen hatte, wurden unterdessen Fleischportionen aufgewogen, die ich gegessen hatte und anschließend in Tierkörper umberechnet. Ich hatte in meinem Leben zwölf Schweine plus dreieinhalb Schweinsstelzen gegessen, zehn Kälber, an die hundertfünfzig Hühner und dreieinhalb Kühe. Den Ohrenschliefer muss ich versehentlich über den Nasenweg verschluckt haben, auch fanden sich fast dreißig Kellerasseln. Die Waage sank zu meinen Lasten nach unten. Mein Astralleib wurde von einem im Raum (der hatte, wie ich mich jetzt entsinne, etwas Garagen- oder Remisenähnliches) herabhängenden Schöpflöffel aufgehoben und in die andere Waagschale gesetzt, was aber nichts gegen die zusammengezählten Fleischmassen, die ich trotz der Hungerzeit verschlungen hatte, vermochte. Durch ein merkwürdiges Rechenverfahren wurde nun mein künftiger Körper, in den ich karmisch eingehen musste, bestimmt. Es war eine Kombinatorik, über die ich bis heute rätseln muss und die vielleicht, wenn ich mich einmal wieder als Mensch verkörpern werde, ein neuer Gegenstand für wissenschaftliche Untersuchungen sein wird.

Ich kann es bis jetzt kaum fassen, dass die Totenrichter des Jenseits das Aussehen von Plastikgeschöpfen haben, Figuren aus Disneyland vergleichbar. Die Szenerie meines Jüngsten Gerichts war absolut lächerlich und abstoßend. Man sagte mir, der junge Mann im weißen Overall sei der heilige Petrus gewesen, der wegen seiner Gottesfürchtigkeit verdientermaßen in einen Körper auf Wunsch verwandelt worden sei. Über die Gestalt meines künftigen Körpers könne ich nicht verfügen, sagte Persephone, und sie knurrte aus ihrem Plastikgehäuse wie eine gereizte Hündin. Ihre Gestalt verschob sich. Der Kopf glich zusehends dem einer Pute. Um den Hals hatte sie mehrere Halskrausen, die ein schepperndes Geräusch erzeugten. Ich hielt diesen Aufzug für einen schlechten Witz.

Gewiss, ich war mit meiner menschlichen Gestalt seinerzeit nicht zurechtgekommen. Ich stand mir selbst im Weg und machte mir das Leben zur Qual. In meinem Körper war ich nicht zu Hause. Als Knabe saß ich oft am Flussufer, an der Stelle, wo das Blut vom benachbarten Schlachthof eingeleitet wurde. Ich hörte das Stöhnen der Tiere, und manchmal konnte ich nicht mehr zum Weg gelangen, der zehn Meter über meinem Kopf hinwegführte, weil die Knie einknickten. Ich barg mich dann im trokkenen Sand, der nach Fäulnis stank. Nachts klammerte ich mich an den Stamm einer Trauerweide. Durch die Zweige drang das stöhnende Muhen und Grunzen der Todeskandidaten aus dem Schlachthof. Die Fleischhauer waren ein ganz anderer Menschenschlag – das spürte ich genau. Ihre Schürzen waren blutüberspritzt. Mit Fleischhauern ließ ich mich nicht ein; in ihrer Gegenwart wurde mir schmerzlich bewusst, kein rechter Mann zu sein.

Aber warum erzähle ich das? Sicher wegen der gegen mich als Anklage aufgetürmten Fleischmassen. Mein künftiger Leib werde aus gröberem Stoff beschaffen sein, mekkerte nunmehr Persephone.

Ein sogenanntes Unglücksrad* wurde in Drehung gesetzt, auf dem etwas wie ein Tierkreis eingezeichnet war. Es war aber nicht der astrologische Zodiakus. Vier Unglücksräder waren nebeneinander aufgestellt: ein Rad der Götter, eines der Menschen, das der Tiere und das der Höllendämonen. Ich war zwischen Mensch und Tier gelandet, was mich nicht überraschte, da ich schon zu meinen menschlichen Lebzeiten die Zärtlichkeits- und Ermunterungsbedürfnisse eines zahmen, hörigen, gutartigen Tieres hatte. Die Zuteilung zu den Rädern erfolgte über die obenerwähnte mathematische Prozedur.

Der Durchmesser des Götterrades war der denkbar weiteste: das Rad benötigte Jahrtausende für einen einzigen Umlauf. Im Gegensatz dazu war das dämonische Rad nur durch ein Mikroskop zu erkennen: es glich einer Eizelle. Das Rad der Tiere war nicht größer als jener Diskus, den Apoll seinem Liebling Hyazinth zugeworfen hatte und den der eifersüchtige Westwind zur Schläfe des Knaben ablenkte, sodass dieser starb. Das Rad der Tiere hatte daher

---

* Sechs Sektoren der möglichen Wiedergeburt kennt das *Lebensrad* des tibetischen Buddhismus: Götter (sie befinden sich sozusagen in Epikurs „intermundanen Räumen“, völlig abgehoben; aber trotz langer Laufzeit werden sie im Rad der Wiederverkörperungen wieder einmal hinuntergedrückt werden); Titanen („Asuras“; sie sind vom wechselweisen Neid, Karrierismus, Agon, Megalothymie, Megalomanie innerlich zerfessen); Menschen; Tiere; „Pretas“ (vergeblich nach Leben dürstende „Hungergespenster“) sowie Höllenbewohner. Alle Lebensformen werden bedacht, sogar zusätzlich drei imaginäre, phantastische. Doch wo bliebe die Möglichkeit, als *Pflanze* wiedergeboren zu werden? Dieser sanfteste der Auswege! Der eigentlich den Lotosblüten des Buddhismus so naheliegen müsste? In den *Metamorphosen* des Ovid gibt es immerhin auch Verwandlungen in Pflanzen (etwa des Hyakinthos in eine Hyazinthe), Bäume, Felsen.

auch den Namen „hyazinthisches Rad“, und es war in ihm ein schmaler Spalt ausgeschnitten, durch den die Kugel gelegentlich rutschen konnte, was dann den außergewöhnlichen Glücksfall ergeben mochte, künftig ein Pflanzendasein führen zu dürfen. Ich aber hatte dieses Glück nicht.

Die Teufelskugel kam ausgerechnet in dem Segment der „Pferdheit“ zu stehen. Von diesem Phänomen ist nichts bei Aristoteles zu finden und nichts in meiner Doktorarbeit. Hätte ich dazumal geahnt, welche Perfidie hinter den „ousíai“, den Wesenheiten, steckt, ich hätte die Menschheit missionarisch vor dieser Daseinsfalle gewarnt und sie zum strikten Vegetarismus angehalten.

Doch es kommt noch absurder! Osiris händigte mir eine Schriftrolle aus, auf der, ohne jede Appellationsmöglichkeit dagegen, zu lesen stand, dass ich als Hengst auf französischer Seite in den *Ersten* Weltkrieg zu ziehen hätte. Dies widersprach durchaus meinem progressiven historischen Sinn. Wie konnte es möglich sein, den Einrückungsbefehl zu einem schon lange vergangenen Krieg zu erhalten und ihm Folge leisten zu müssen!

Ich wollte dem Richterpaar die Unsinnigkeit des Befehls auseinanderlegen, als das Licht langsam erlosch und eine Gefrierschaltung immer lauter zu surren begann. Auf einem Stiel bildete sich mir ein Kopf, gegen den sich alle meine noch vorhandenen Gedanken sträubten. Die Haare waren zu wenigen frostigen Strähnenbündeln verdickt, die mir wie kleine Eiszapfen in den Nacken hingen. Obwohl ich meine ganze im Philosophiestudium erworbene Gedankenkraft zusammennahm, konnte ich nicht verhindern, dass sich mein Kopf zu einem Hengstkopf verdichtete und sich in die Länge schob. Fast schien es, mein Widerstreben war irgendwie sogar beim Aufbau dieses blödsinnigen, widerlichen Kopfes mitbeteiligt.

Dann durchlebte ich Träume galoppierender Wollust und träger Versponnenheit, bis ich, umtost vom Schlachtendonner der Westfront, in einem nach Schlachtblut stinkenden Morast einsank und mich vage zu erinnern begann an etwas, das ich schon lange nicht mehr weiß.

Der Abgängige

Er würde ganz einfach hinter einer Wand sitzen, der Tote, und uns erwarten.

Während sein schon in Verwesung übergegangener Leichnam nun zweieinhalb Meter tief im Sarg sich vollends zersetzte. Schnell hatten die Gerichtsmediziner die Leiche des jungen Mannes zur Bestattung freigegeben, wenige Stunden nur nach dem grausigen Fund. Selbstmord sei ebenso auszuschließen wie Gewalteinwirkung von außen, hieß es im abschließenden Bericht. Nur mehr am Gebiss, durch Vergleich mit zahnärztlichen Röntgenaufnahmen, sei der Tote zu identifizieren gewesen, dann aber mit Gewissheit. Hundertprozentig sei er es, Maximilian, nicht etwa 99,9-prozentig! Nein, es sei so unwahrscheinlich, dass zwei Menschen exakt das gleiche Gebiss hätten, wie dass die Fingerabdrücke zweier Menschen identisch sein könnten. Nein, es ist sogar bei Fingerabdrücken noch möglich, dass unter sechs Milliarden Menschen zufällig ein Doppelgänger sich fände. Aber ein gleiches Gebiss mit demselben Wuchs, denselben Besonderheiten der Zähne, denselben Plomben an denselben Stellen, könne es nicht geben. Auf die Entnahme von DNA-Proben wurde verzichtet, vielleicht waren sie in diesem Fall erkennungstechnisch nicht sinnvoll, vielleicht bei dem schon so fortgeschrittenen Verwesungsprozess des aufgefundenen Toten gar nicht mehr möglich, dachte der Laie, könnte ja sein, aber für wahrscheinlich hielt der Laie letzteres nicht, sondern einfach nur: Die DNA-Überprüfung haben sie sich gleich geschenkt, sie haben auf altmodische Weise einfach die Zähne anhand von Röntgenbildern identifiziert und somit auch den Toten identifiziert. Identifiziert als jenen seit anderthalb Monaten abgängigen Maximilian R. Und über diesen Fall konnte nun die Akte geschlossen werden, ein abschließendes einziges Blatt Papier, und zugedeckelt war sie, zugebunden, abgelegt. Aus.

Dieses Aus betraf nun auch die Hoffnung der vielen Sucher, die in die Wälder und Wiesen ausschwärmten, um vielleicht das Unmögliche wahrzumachen und den Abgängigen sogar lebend, vielleicht halbtot, aber lebendig, noch auf der Hälfte, der Habenseite, der *Soll*seite des Lebens zu finden. Aber er war ja schon von allem Anfang an, vom ersten Tag, an dem die Vermisstenanzeige von der Mutter bei der Polizei aufgegeben worden war, der Hälfte des Todes anheimgegeben gewesen und sank in dieser Hälfte hinunter auf den Grund, hinunter zu den Steinen, die der Fluss allmählich rund gespült hatte. War es erlaubt, sich einer solchen Metapher zu bedienen, dass es einerseits die Hälfte des Lebens und die andere Hälfte des Todes gibt? Der Schriftsteller bedient sich ganz einfach nun dieses provisorischen Bildes, wie er auch den Kunstgriff wagte, seine Geschichte mit dem mysteriösen ersten Satz zu eröffnen: „Er würde ganz einfach hinter der Wand sitzen, der Tote, und uns erwarten.“

Ganz einfach. Ganz einfach? Und: Aus. Ganz einfach aus. Die dünne Flamme starb auf dem zu einem geknickten Brösel eingeschrumpften Docht. Der Docht erkaltete schnell. Die Flamme hatte anderthalb Monate wie durch ein Wunder sich noch lebendig erhalten, obwohl das Wachs der Hoffnung schon lange aufgezehrt war. Ein fadenscheiniges Wunder. Ein wunderliches Wunder, wie wenn ein Bankrotteur noch einen Lottoschein in der Tasche umfasst hielte, der dann wirklich den Super-Jackpot knacken würde. Ein Hoffen gegen alle Wahrscheinlichkeit, ein wunderliches, gar nicht mehr rationales Hoffen, induziert durch schlaflose Nächte, mit Kettenrauchen, Alkoholbetäubung und Medikamenten zugebracht, immer das Ohr zum Telefon gehalten, ob es gleich läuten und Gewissheit bringen würde. Oder irgendeine Spur, die abbricht, aber immerhin eine Spur, bis zu der... Und von dort an würde die Frage beginnen, was weiter geschah, und dann würde man vielleicht einen weiteren Sprung machen und irgendwo einen neuen Anhaltspunkt finden, die Witterung wieder aufnehmen (wie man von Spürhunden sagt), einen durchgebissenen Strick vielleicht (da hätte eine DNA-Analyse womöglich Sinn gehabt), das hätte diese verzweifelte Hoffnung wieder angeheizt. Wäre das Hemd des Abgängigen zerfetzt gefunden worden, in einem Strauch hängend, durchnässt, verdreckt, angefault, es hätte Benzin in die schwache Flamme der Hoffnung geschüttet. Die aberwitzig gewordene Hoffnung wäre als Stichflamme hochgeschossen und hätte die Gesichter der über sie gebeugten Hoffenden versengt. Sie hatten sich über die schwache Flamme gebeugt wie um ein Stück junges, gefährdetes Leben, die Hände um dieses Feuerchen gehalten, das nicht wärmen konnte, vom stundenlangen Suchen in der winterlichen Landschaft waren die Finger klamm geworden, die das Feuer jetzt beschützten vor dem Ausgeblasenwerden, das Feuer (ein Grablicht eigentlich schon!) indessen wärmte sie nicht, und jene Stichflamme blieb aus. Ihre Gesichter wurden nicht versengt. Sie hätten in Kauf genommen, dass ihre Gesichter versengt und für immer entstellt würden, der Hoffnung wegen. Die Mutter, der Vater, die Freunde, die Exfreundin, sogar der Schriftsteller, der Maximilian gar nicht gekannt hatte und der umgekehrt ihn nicht gekannt hatte: er hätte ein verwüstetes Gesicht in Kauf genommen, der Hoffnung wegen, ja des Aberwitzes der Hoffnung wegen. Ein von ehemals aberwitziger Hoffnung verunstaltetes Gesicht, das war der Preis, den wir, *wir alle*, die den Vermissten suchten oder suchen wollten, der Hoffnung zuliebe ungeschauterweise entrichtet haben würden. Nun gut, dann hätten wir eben kein Gesicht mehr gehabt. In den U-Bahnen hätten die Leute gleich weggeschaut, mit unserem Gesicht konfrontiert. Mit dem Fehlen unseres Gesichts. Oder mit dem Feuermal auf unserem Gesicht. Wir hätten uns dieser Brandfotze nicht geschämt. Wir hätten uns unseretwegen kein einziges Mal mehr geschämt. Egal, wenn die Leute wegschauten. Sollten sie doch. Egal. Es ist nicht wichtig, dass man ein Gesicht hat. Man kann auch leben ohne es. Wenn auch Albert Camus einmal schrieb, ab einem gewissen Alter sei jeder für sein Gesicht verantwortlich, so war dies eine philosophische Ungenauigkeit, eine sogar strafwürdige Fahrlässigkeit. Es mochte besser auf Werbeprospekte für Faltencremes oder Privatkliniken für ästhetische Chirurgie passen. „Du hast kein Gesicht", sagte einst der unberechenbare Doktorvater zu mir, plötzlich vom Sie zum Du wechselnd. Ich fürchtete seine abrupten Wechsel zum Du-Wort, das mich unter Strom setzte. Mich den Stromstößen der Scham auslieferte. „Du Arschloch", sage ich nun, in Gedanken wieder einmal bei jenem überheblichen Alleswisser, „du hattest ja keine Ahnung, weder von Gesichtern noch von Menschen."

Nein, ich hätte mit dem verbrannten Gesicht mich nicht geschämt, mich den Blicken der andern auszusetzen. Sie würden wegsehen. Ich würde wieder einmal gesehen haben, wie sie wegsehen. Was das bedeutete, wenn, bezogen auf Verbrechen der Vergangenheit, Zeitzeugen berichteten: „Sie sahen weg." Oder ganz im Gegenteil: Sie sahen hin und spotteten, riefen „Hepp, hepp!", als Juden von SA-Schergen gezwungen wurden, das Straßenpflaster mit Zahnbürsten zu reinigen. Sie sahen hin und spotteten, ja traten mit den Füßen nach den Bürstenden, sammelten ihre ganze Spucke im Mund, um hinzuspucken. Ihren ganzen Geifer ejakulierten sie auf die gedemütigten fremden Menschen. Einfach so. Einfach, weil ihnen systematisch eingeredet worden war, dass dies schlechte Menschen wären, „Untermenschen", welche nichts anderes verdienen würden, als angespuckt und getreten zu werden. Und diese höhnenden, spuckenden und tretenden selbstgerechten

Automaten machten sich über den Rücken ihrer Opfer geschäftig und taten groß, traten zueinander in Wettbewerb, wer noch grässlicher höhnen, noch gesammelter spucken, noch fester treten könnte. Und unter ihnen die gedemütigte Freiheit... Die bürsteten waren frei, so seltsam es klingt. Zitternd, ja schlotternd scheuerten sie das Pflaster mit den Zahnbürsten, auf den Knien in zerlumpten Hosen auf den Steinen in einer Sauce von absurder Wiener Spucke.

Hing der Vermisste schon lange tot im Kraftwerksrechen? Hing er schon einen Monat in diesem Kamm der Vergeblichkeit, des sich ansammelnden Schuttes?

Während die Seinen ihn noch suchten, fieberhaft, über Wochen, wie wir erst nachträglich erfuhren. Schüler hatten die Schule geschwänzt, Studenten die Lehrveranstaltungen geschmissen, um den Vermissten zu suchen, Tag für Tag. Ja, ich schließe nicht mehr aus, obwohl ich es nicht mit Bestimmtheit weiß, vielleicht sogar in den Nächten. Würde mich jemand, ginge ich verloren, so beharrlich suchen? Wohl kaum.

Ich stelle es mir so vor: Sie kamen in aller Frühe mit ihren Mopeds, Motorrädern oder Fahrrädern zur Mutter des Vermissten, tranken Kaffee, füllten Kaffee in Thermosflaschen, beugten sich über die große Landkarte, die auf dem Zeichentisch des Vaters mit Reißnägeln an den Ecken befestigt worden war, und zeichneten die Routen ein, die sie gegangen waren und die sie gehen würden, ganze Flächen der Landkarte waren inzwischen mit Leuchtstiften schraffiert worden, so genau hatten sie nach und nach die Gebiete durchkämmt.

Inzwischen fällt seit Tagen Schnee, bei mir in Berlin und auf das Grab Maximilians in jener Kleinstadt im Mühlviertel. Schnee, der auf den Straßen liegenbleibt, ist in Berlin so überaus selten. Alle sechs Jahre einmal kann man in Berlin Schlitten fahren gehen, aber es gibt ja hier keine Berge, höchstens Trümmer-Aufschüttungen aus dem zweiten Weltkrieg; auf den Trümmern, die zehntausende Menschen vor über sechzig Jahren unter sich begraben hatten, gehen wir also heute Schlitten fahren. Das heißt ich nicht. Denn ich bin nicht im Besitz eines Schlittens. Obwohl ich einmal die Gelegenheit gehabt hätte, einen handlichen, zusammenklappbaren Designer-Schlitten als Prämie für ein Zeitungs-Abo geschenkt zu bekommen. Dann wäre also auch ich mit meinem Schlitten losgezogen und im Volkspark Friedrichshain in die Tiefe gerauscht. Mehrere hundert Personen rauschen dort in die Tiefe, bis zuerst die Schneeschicht, dann die Eisschicht durch ist, wie Geschosse krachen die Schlitten hinunter, an Bäumen vorbei, und mit den Füßen muss man abbremsen, weil gleich unten der Zaun beginnt – man kann den Auslauf nicht genießen. Obwohl so viele Leute da sind, ist das Restaurant, ein bungalowhafter Flachbau aus den siebziger Jahren schon lange dichtgemacht, neben kleinen, verstaubten Tafeln Schokolade hängt nur eine Postkarte in der Auslage, mit der Aufschrift: „Ich habe mein Lachen verkauft."

Zuletzt war ich mit meinem Vormieter, Sascha, hiergewesen, mit *seinem* Schlitten, 1998 oder -99 muss es gewesen sein, als einzige saßen wir in jenem Restaurant, ein umständlicher dicker Kellner mit Schnauzbart und schwarz glänzendem Gilet bediente uns halbhöflich, halbverächtlich. Da es in Berlin so selten wirkungsvoll schneit, ist gar nichts dabei, wenn man noch als 25-Jähriger oder auch 40-Jähriger einen Schlitten hinter sich herzieht, ohne über das Alibi kleiner, rotbackiger Kinder zu verfügen, derentwegen man sich zu einem solchen Wintervergnügen herablasse.

Allein diesmal und ohne Schlitten querte ich die Bahn, auf der Dutzende von Schlitten hinabschossen. In meiner Tasche ein soeben billig erstandenes altertümliches Lehrbuch des Boxens, ein vergilbtes, durch Wasserschaden beeinträchtigtes Buch aus der DDR, verfasst von einem erfahrenen Moskauer Boxlehrer. Ab 81 Kilogramm spreche man von Schwergewicht, heißt es darin. Was mache ich da mit meinen 85 Kilo?

Als Schüler schien es mir unerhört, so schwer zu sein. „Das Mindestgewicht für die jüngeren Junioren beträgt 42 kg und für die älteren 58 kg“ – ich las ziemlich verständnislos diesen Satz. Diese Gewichte kommen mir zierlich wie Nippesfiguren vor. Unausdenklich, bei so zarter Konstitution sich zum Kämpfer ausbilden zu wollen! Und doch gibt es solche Kämpfer, und sie würden spielend mit mir fertigwerden.

Der Trödler blickte mich skeptisch an, als ich jenes Boxbuch bei ihm kaufte; er war hochgewachsen, kam selber aus Russland, war vielleicht selber ein Boxer gewesen. „Für dieses beschädigte Buch kann man nichts mehr verlangen“, meinte er; aber obwohl er mehrere tausend Bücher unterschiedlichen Inhalts im Laden hatte, erkannte er es sofort, als ich es ihm hinhielt (der helle, von Flecken beeinträchtigte Buchdeckel verriet nichts, rein gar nichts von seinem Inhalt): „Ah, das alte Boxbuch!“, brummte er, als sei es sein eigenes gewesen, anhand dessen er einst den Boxsport erlernt hatte. Er schien sich irgendwie nur ungern von diesem alten Buch trennen zu wollen – und einem wie *mir* es geben?

Um ihn, den großen Mann mit dem noch dichten schwarzen Haar mir geneigter zu stimmen, hatte ich auch noch ein zweites Buch auf das Boxbuch, um das es mir eigentlich zu tun gewesen war, gelegt, ein durchaus ganz andere Interessen verratendes Buch: *Kunstgeschichtliche Grundbegriffe* von Heinrich Wölfflin. Beim Anblättern hatte mich vor allem ein Satz aus diesem Buch von der nüchternen Genialität dieses Gelehrten überzeugt: „Auch die originellste Begabung kann nicht über gewisse Grenzen hinauskommen, die ihr durch das Datum der Geburt gesetzt sind. Es ist nicht alles zu allen Zeiten möglich, und gewisse Gedanken können erst auf gewissen Stufen der Entwicklung gedacht werden.“

Ein über 40-jähriger Mann, ich, umständlich eher, unsportlich (die dicke Daunenjacke mit den eckigen Schulterpolstern war zu wenig überzeugend, um einen sogenannten „definierten Oberkörper“ darunter vermuten zu lassen!), wollte also ein uraltes Lehrbuch des Boxens aus kommunistischer Zeit und die *Kunstgeschichtlichen Grundbegriffe* kaufen, zwei Bücher von großer Kennerschaft jeweils, aber der Mensch, der diese Bücher kaufen wollte und der nun seine drei Euro hinhielt in seiner von Kälte geröteten Hand...? Was ging’s den Trödler auch an, der war Geschäftsmann, eine eher verkrachte Existenz, wie auch der Laden nur ein Trödelladen war, ein ganz gewöhnlicher, muffig, der typische Trödelladen-Geruch halt, und trotzdem schien der Trödler an meinem Kauf persönlich Anteil zu nehmen.

Oder bildete ich mir dies nur ein?

Hätte ich bloß das Boxbuch gekauft ohne das kunstgeschichtliche, der sportlich aussehende, übrigens mich um zwei Haupteslängen überragende Mann wäre wahrscheinlich darauf verfallen, meine Erscheinung ein wenig zu belächeln. Er erblickte zuerst das ihm offenbar wohlbekannte Boxbuch, obwohl es von mir durch das kunstgeschichtliche scheu überdeckt worden war – ich sagte nur: „Bitte, diese beiden Bücher!“ (aber diesen Satz sagte ich mit in sich gefestigter Bestimmtheit) –, und der Trödler sofort: „Ah, das alte Boxbuch!“ Dann erst bemerkte er das kunstgeschichtliche, und diese Kombination aus Box-Lehre und Kunstwissenschaft schien ihm sogar ein wenig Respekt abzuverlangen. „Also zwei *erz*systematische Bücher!“, stellte er fest. „Vielleicht das beste Buch über das Boxen und das beste Buch über Kunstgeschichte“, schloss er noch sachkundig an. Es war wie ein Bedauern, sich von den zwei besten Büchern in seinem Laden trennen zu müssen, zugleich aber hörte ich auch etwas wie Anerkennung heraus, dass ich, wenngleich auch ein offensichtlicher Niemand (weder Boxer noch Kunsthistoriker), doch wenigstens den Blick für das Wertvolle habe. Ich blätterte vor ihm das Boxbuch auf und las noch laut das Wort „Arbeitersport“, wobei mich der Mann sogleich mit den Worten unterbrach: „Das gibt es alles nicht mehr.“ Kurz streifte mein Blick die Abbildungen der diversen Trainingsgeräte – DER SANDSACK, DIE MAISBIRNE, DIE PLATTFORMBIRNE, DER DOPPELENDBALL, DIE WANDHASPEL (dann war es genug) –, von denen ich namentlich nur den Sandsack kannte. Maisbirne und Plattformbirne erinnerten mich an die Abrissbirnen, mit denen gewisse Altbauten in Berlin eingerissen wurden, meistens genau diese Häuser, die ich liebgewonnen hatte. Was immer mir gefällt, wird meistens ein paar Wochen später schon demoliert, das geht nun schon seit Jahren so. Ich scheine ein Faible für das Vergängliche und Todgeweihte zu haben, das ich noch einmal tief einsauge, bevor es untergeht.

Irgendwo zwischen dem Boxbuch einerseits und den *Kunstgeschichtlichen Grundbegriffen* andererseits war das Seil meines Lebens ausgespannt, ein Seil, das immer schon durchhing, statt straff gespannt zu sein. Das Boxbuch würde mich an eine Variante des Lebens erinnern, die von mir vernachlässigt worden war. Würde es umgekehrt Boxern so ergehen, wenn sie meine philosophischen Bücher und Romane erblicken? Ich zweifelte und zweifle daran. Es bleibt mir demnach nur die konstitutive Unsicherheit eines schon in seinen mittleren Jahren weiter fortgeschrittenen Menschen, der wesentliche Gebiete des Lebens verabsäumt hat zu leben. Das Boxen war nicht unbedingt ein solches Gebiet, aber es stand repräsentativ für die von mir verabsäumten Gebiete. Natürlich begehe ich dabei jenen Anfängerfehler, diese von mir verabsäumten Gebiete des Lebens zu romantisieren.

Wochenlang ohne Musik gelebt, obwohl als musikalisch eingestuft – ich hatte keine Platten- oder CD-Sammlung, nur halbherzig eingekaufte Orgelwerke Johann Sebastian Bachs beispielweise und zwar sämtliche, um sie dann später nie wieder zu hören. Es herrschte oft nervenzersägende Ruhe um mich, ich setzte mich doch, wenn ich allein in meinem Zimmer hockte, ständig einer Erosion aus. Verbreitete Trostlosigkeit um mich. Die Matratze lag, einmal von mir ins Zimmer geworfen, für immer in dieser unüberlegten Position. Ausgestreute Papiere lagen jahrelang auf der gleichen Stelle am Boden, obwohl mich ihr Anblick täglich schmerzte und mich allmorgendlich schon entmutigte. Wo waren da die organisierenden Kräfte?

Geister

Betreffend das Geisterreich, habe ich leider schon seit Monaten keine Fortschritte mehr zu vermelden. Allzu schön wäre es, wenn Justinus Kerner richtig läge mit seinen *Eröffnungen über das innere Leben des Menschen und über das Hereinragen einer Geisterwelt in die unsere*, aber wohl vergeblich! Es knackt nicht einmal mehr in den Möbeln, denn ich bin nicht mehr von Biedermeier und Empire umstellt wie damals im Elternhaus. Wenn es im blechernen Computer-Tischchen knackt und knallt, kann das kein seriöses Gespenst sein. Vielleicht kommen die Geister nicht mehr durch den Elektrosmog. Es stehen zu viele Handymasten rum. „Fernsehen“ war dazumal ein okkultistischer Begriff, so wie „Medien“. Es bleiben uns nur reale Geister, also lebende Menschen oder tote Menschen in unserer Erinnerung, und Bücher, die, auch wenn ihre Verfasser inzwischen längst verschieden sind, noch leben und immer wieder neu aufleben.

„Seine Seele werde aufbewahrt im Gebinde des Lebens“, lautet ein alter jüdischer Abschiedsgruß an einen Verstorbenen. Ein anderes Fortwirken gibt es wohl nicht. Auch wenn die Romantiker vom „Geisterreich“ sprachen, war das durchaus zweideutig ironisch, nicht eindeutig ernsthaft okkultistisch, zu verstehen. Das „Geisterreich“ war die *Philosophia perennis*, der Austausch der Geistreichen (nicht nur der Angehörigen der Gelehrtenrepublik, sondern auch ihrer romantischen „außerparlamentarischen Opposition“) über die Zeiten hinweg – hauptsächlich kraft ihrer hinterlassenen Werke oder wenigstens der ihnen nachgesagten Legenden.

„Erwägt man nun gar, dass jede Handlung eines Menschen, nicht nur ein Buch, auf irgend eine Art Anlass zu andern Handlungen, Entschlüssen, Gedanken wird, dass alles, was geschieht, unlösbar fest sich mit allem, was geschehen wird, verknotet, so erkennt man die wirkliche *Unsterblichkeit*, die es gibt, die der Bewegung: was einmal bewegt hat, ist in dem Gesamtverbande alles Seienden, wie in einem Bernsteine ein Insekt eingeschlossen und verewigt.“ (Nietzsche, *Menschliches, Allzumenschliches I*)

Wieso, andererseits, brauche ich auch noch Geister (irgendwelche qualmigen Schattenschwaden, die sich dann, um die Ecke biegend, wieder in Luft auflösen), wenn ich ohnehin von Menschen und Büchern umgeben bin oder meine eigenen Gedanken habe? Damit, sollte man meinen, müsste ich doch für ein kurzes Menschenleben mein Auslangen finden. Und die wundersame Perlenkette auf mich geschmiedeter eudämonischer Zufälle – genügt sie mir nicht? Wurde ich nicht ausreichend beschenkt?

Und ausgerechnet ich „Hasenherz“ will, dass es in den Schränken knackt (in den *Frankfurter Nasenschränken*)? Bin ja sowieso schon schreckhaft. Will ich, dass mir beim Geschirrspülen – wie von Geisterhand bewegt – die alten

Tapeten herunterkommen und mir einen Schauer einjagen? Oder dass die Klinge des Brotmessers vor meinen Augen selbständig zerspringt oder der Küchentisch einfach so in gemessenem Abstand entzweigeht?

Da ist doch etwas mystischer dann das Erlebnis Lenzmanns, der mehrere Bände eines alten Werkes *Lives of the Queens of England* (von Agnes Strickland, London 1885) beim Antiquar ersteht und darin einen Stempel „Dr. R. Huch" entdeckt. Das ist doch wahrlich geisterhafter im Sinne des Reichs der Geister! Wie ein Zuspruch, eine Ermunterung, seine Shakespeare-Studien fortzusetzen!

Eben Ricarda Huch schrieb über jene somnambulen Visionärinnen wie Kerners Seherin von Prevorst oder die kürzlich (2004) von Papst Johannes Paul II. seliggesprochene Nonne Anna Katharina Emmerick aus Dülmen: „Es waren losgerissene Pflanzen, die nicht mehr in der Erde wurzelten; ihre Wurzeln lagen bloß und empfingen deshalb aus allen Elementen der Welt Reize, für die der gesunde Menschenbaum unempfindlich ist."

Doch gab es bei mir öfter Schläge gegen die Matratze (obwohl niemand außer mir und auch kein Haustier im Zimmer war), ebenso Küsse auf den Scheitel, die mich aus einem Traum weckten, eindeutig und *spürbar* von außen kommend (lebst du allein und hast auch keine Katze, die dich anstupst, was ist es aber dann?), und einmal weiße Larven, Totenmasken mit irrsinnigen Nasen und Augenhöhlen, bedrohlich, die sich langsam her- und wieder wegdrehten, groß wie Lampions, beweglich wie Mobiles im irgendwie rötlich gewordenen Raum – allerdings nach zwei hintereinander besoffen auf der Straße zugebrachten Wintertagen, wieder ins warme Zimmer verfrachtet. Die Zufälle noch nicht dazugerechnet, die brockt man sich aber infolge intensiven Schürfens auch ein: wer suchet, der findet.

Ich las bei Rilke von einem Vogel, der sich einem schwindsüchtigen Menschen auf die Schulter setzt (so wenig Angst hat er vor dem schon fast Dahingeschiedenen) – und da setzte sich wirklich gleich ein Spatz auf meine Schulter! (Pfingsten 1994) Und ein andermal sah ich einen Raubvogel einen Spatzen in der Luft zerreißen.

Allerdings manchmal – wie früher im elterlichen Interieur – ein Knacken, ja Knallen in den Kästen und aus den dunklen Bilderrahmen nach einem gelungenen Gedanken-Schritt, das wäre schon ganz passabel. Man verlangt ja gar nicht viel. Ich besitze derzeit aber keine Kästen, und aus den verstaubten Umzugskartons und aus dem alten grünen Seesack kommt kein Mucks.

Nur einmal, beim Studieren von Walter Markovs *Geschichte der Französischen Revolution*, entfuhren mir zustimmende Räusperer, die ich so vorher *an mir* nicht kannte.

Das Knacken in den Möbeln kann aber und wird auch ganz natürliche Ursachen haben, wie es die zwei ersten Strophen eines Gedichts von Oskar Loerke zum Ausdruck bringen:

Das Mondlicht räumt den Alltag aus.
Es knackt im Holz:
Ein alter Wald geht durch das Haus.

In seine Einsamkeit entzückt,
Bin ich es noch,
Der seinen Stuhl zum Tische rückt?

Grenzokkultistisch jedenfalls ist dieses Gedicht schon, aber das könnte ein Kunstgriff nur des Dichters sein.

Justinus-Kerner-Lektüre beendet, in erster Linie ein Krankenbericht, und ein Buch zur religiösen Belehrung und Bekehrung. Auffällig, dass die erscheinenden Geister immer

„schlag zwölf", jedenfalls immer auf die Sekunde pünktlich sich bemerkbar machen. Die Regentschaft der Uhrenzeit. Mich langweilender zweiter Teil, wo die Geister ans Bett der Somnambulen treten, um mit ihr gemeinsam zu beten, damit sie dem Himmelreich näher kämen. Und wie ihre Kleidung sich dadurch lichtet; mit Vorliebe tragen sie Faltengewänder.

Dachte immer, in diesem Buch steckte noch was. Aber außer zunehmender Ernüchterung und letzten Endes Abhaken dieses ganzen Stoffes, nichts mehr. Hatte dieses Buch als Zwanzigjähriger einfach nie zu Ende lesen können, jetzt sehe ich auch warum. Weil es über weite Strekken tödlich langweilt.

Besser, sich an das Sinnenhafte zu halten. Francis Bacon sprach von den Sinnen wie von der Sonne, „die das Angesicht der Erde offenbart, das Angesicht des Himmels jedoch versiegelt und verschließt". Doch ist das mehr als eine Metapher? Oder andersherum: Würde sich „das Angesicht des Himmels" uns wieder entsiegeln und öffnen, würde es sich uns wieder zuwenden und in Wundern sprechen, wenn wir unsere Sinne verstopften? Der Mystizismus in seiner asketischen Ausprägung versucht, die Tätigkeit der „grobstofflichen" Sinne einzustellen, um zu „feinstofflichen" übersinnlichen Erfahrungen zu gelangen. Der Hunger ist also der beste Koch für mystische Delikatessen. Auch Buddha lehrte, je mehr sich der Mensch dem Sinnenhaften hingebe, desto verstrickter werde er in die vergängliche und leiderfüllte Welt, desto mehr falle er dem Illusorischen, den Schleiern der Maja anheim. Während für Sigmund Freud gerade das Streben nach „ozeanischen Gefühlen" das Illusorische ist, eben gerade dieser Bereich, in dem die Schleier der Maja immer zarter und durchsichtiger, wie aus Gaze, gewebt sind, bis zur vollständigen Diaphanie. Trägt denn das Nirwana Dessous und Netzstrümpfe?

Und einmal könnten ganz ungewollt in einem Beinhaus unsere zwangsgrinsenden Schädel wie ausgeweidete Schildkröten-Panzer aufeinander zu liegen kommen, und die großen Knochen würden aus Langeweile vielleicht gerne miteinander xylophonspielen. Aber kein *élan vital* beseelt sie. Die Schnüre der Marionette sind hindurchgeschnitten. Die Lebensgeister sind dann anderswo, versammelt in den grünen Matten, herabstürzend als Schneebretter, sirrend und zirpend im Gras.

Rattus liber

Die Laborratte und die freie Ratte. Ging eine freie Ratte am Laborrattenkäfig vorüber, sprach die Laborratte 1 zur freien Ratte: „Du Drückeberger! Wir leiden, leiden zum Tode, und du gehst frei!“, hingegen die Laborratte 2: „Lauf, was deine Beinchen tragen! Schnell weg von hier!“ Die freie Ratte befolgte naturgemäß letzteren Rat.

Danach bekriegten sich Laborratte 1 und Laborratte 2 aufs heftigste. Es ging wieder einmal um Grundsatzfragen. Laborratte 1 meinte, ihr Opfer sei gerechtfertigt, weil sie so – als Laborratten – am meisten dem Wohl aller Wesen dienen würden, während die freie Ratte nichts als ein Ratz sei, der durch die Kanäle husche und sich von Abfällen ernähre, sogar, genau betrachtet, ein Schädling. Laborratte 2 hingegen zweifelte am Sinn aller dieser Opfer, sie fand auch die Verköstigung im Versuchslabor zusehends eintönig, und dieses Fressen sei zusehends ein *Speisen* geworden, denn Laborratte 1 hatte sich das Stück einer Papierserviette umgebunden und Laborratte 2 aufgefordert, sich das andere Stück umzubinden. Durch das bevorstehende Opfer sei man auch als Ratte nunmehr geweiht, etwas Sinn- und Wertvolles geworden – wenngleich in nur bescheidenem Maße, aber doch! –, und deshalb habe man auch ein Anrecht, ja die Pflicht, auf sich zu halten und fortan zu speisen, so wie es der König der Tiere mache, der Mensch. Laborratte 2 hatte daraufhin das ihm zubemessene Serviettenstück ganz einfach zernagt und hinuntergeschlungen, statt es sich wie Laborratte 1 umzubinden. Seither stritten die beiden nur noch. Laborratte 1 (ein Weibchen) jedenfalls gab sich opferbereit. Laborratte 2 (ein Männchen) weigerte sich zunehmend, einen höheren Sinn für diese Gefangensetzung und abschließende Todesfolter zu glauben. Laborratte 2 träumte von dem Leben als freie Ratte. Und rief jeder freien Ratte, die vorbeihuschte, um kurz in den Käfig hineinzuschnuppern, zu, so schnell wie möglich fortzuhuschen.

„Schämen muss man sich mit dir!“, sagte Laborratte 1 zu Laborratte 2. Da wurde eine Laborratte 3 in ihren Käfig hineingehoben. Sie hatte Soziologie studiert. Sie ging mit einer andern Taktik vor als das plumpe opferbereite Weibchen. Sie gab zwar auch vor, dass es einen höheren Sinn gäbe, dass das Leiden einen Sinn hätte, weil durch dieses Leiden die Ratten „gesellschaftlich konkret“ würden. Das Ideal wäre, dass alle Ratten in einen riesigen Käfig eingesperrt würden und dann zusammen den Käfig wegfressen würden – ob mit umgebundener Serviette oder ohne, sei eine bürgerliche Nebensächlichkeit. Ja, man könne sich dann sogar zu Recht auch als progressive Ratte die Serviette umbinden, denn dieses große Fressen, das dem Käfig selber gälte, wäre dann ein wahres Festmahl. „Aber all diese Metallteile dann zu verdauen!“, seufztc Laborratte 2 auf. Und seine Partnerin, Laborratte 1, war auch nicht von den ihr zu komplizierten Darlegungen des dialektischen Aufrührers zu begeistern. „Ich opfere mich lieber ganz individuell!“, fiepte sie mit ihrem zarten Stimmchen. „Ich möchte in meinem Opfer einzig sein! Einzig und einmalig! Jede Ratte muss ihr Opfer ganz alleine bringen, ihr Körperchen alleine darbringen – und mit der größtmöglichen Eleganz.“ Müsse willig sein, sich eigens herausputzen die ganze Nacht vor der Todesfolter hindurch, um sich manierlich darzubringen. Nicht einfach wie eine Sau bis zum Tag der Schlachtung sich mästen, schmatzen und sich gleichgültig in den Dreck fläzen. „Denn wir Ratten haben auf uns zu halten“, legte sie ihren Standpunkt dar, „sind wir doch gleich unter dem Menschen, unserem Gott, die intelligentesten Tiere.“

Eine behandschuhte Hand griff in den Käfig, um Laborratte 3 am Schwanz aufzuhängen, sie baumelte kopfunter von der Decke des Käfigs und setzte ihre Schulungsversuche unverdrossen fort. Es gehe darum, dozierte sie, den Opfergedanken vom Kopf auf die Füße zu stellen. „Wir leben in einer verkehrten Welt“, sagte sie. „Seit ich hier kopfunter hänge, merke ich erst so wirklich konkret, was es bedeutet, in einer verkehrten Welt leben zu müssen. Von Stunde zu Stunde bin ich von der Notwendigkeit einer Revolution überzeugter.“

Ein letztes Mal war Ratz, die freie Ratte, hier vorbeigekommen, äugte in den Käfig und dachte, als sie die neue dritte Ratte dort baumeln sah, für einen Moment verdattert, sie selber sei gegriffen worden und baumle dort. Es packte sie ein Schauder.

„Ratz, hau ab!“, schrie Laborratte 2, und schon griff die behandschuhte Hand hinein und hob Laborratte 2 heraus, sie wurde zur Todesfolter abgeführt.

„Ich werde dich nie vergessen“, rief Ratz dem Abgeführten nach, der es noch gehört hatte, und machte sich für immer davon.

„Die Philosophen müssen immer zwei oder drei Mauselöcher haben, wenn die Hunde kommen, die sie aufspüren wollen.“ (Voltaire an d’Alembert, 25.4.1760)

Weder Herr noch Knecht

„Herr und Knecht" ist ein Modell, das es schon lange in der Philosophiegeschichte gibt. Schon bei Sokrates. Ich laviere hier, mache mir Illusionen. So sehr ich mir einredete, ein „Freigeist" zu sein, habe ich mich doch nur selten wirklich als solcher bewährt. Ließe man es auf die Probe ankommen, würde ich sie vermutlich nicht gut bestehen. Aristippos erwiderte Sokrates (wie ähnlich ist mir dieser Aristippos!), es müsste doch „einen Mittelweg" zwischen Herrschaft und Knechtschaft geben… (Eigentlich, wie alt, wie ewig diese Themen sind!) Sokrates gibt darauf eine ernüchterte Antwort: das sei zwar abstrakt denkbar, doch nicht in einer Welt von Menschen, wie sie nun einmal existieren. Er antwortete dem Aristippos: „Willst du […], der du doch unter Menschen lebst, auf beides Verzicht leisten, auf das Befehlen wie auf das Gehorchen, und dich nicht freiwillig bereit finden, den Regierenden deine Reverenz zu erweisen, dann, glaube ich, wirst du erfahren müssen, wie gut sich die Mächtigen, im Staats- wie im Privatleben, darauf verstehen, den ihnen Unterlegenen das Wasser in die Augen zu treiben und sie zu ihren Knechten zu machen. Kennst du sie wirklich nicht, die, was andere säten und pflanzten, vom Halme abschneiden und bis zum Stumpfe fällen, die denen, die schwächer sind als sie und ihnen doch nicht dienstbar sein wollen, so lange zusetzen, bis jene, in ihrer Willenskraft geschwächt, die Knechtschaft dem dauernden Kampfe mit dem Mächtigen vorziehen? Sollte es dir unbekannt sein, dass sich auch im Alltagsleben die Mutigen und Starken die Ängstlichen und Schwachen unterwerfen und in ihren Dienst einspannen?" Aristippos antwortet darauf ziemlich naiv: „Ganz gewiss, aber um all dem zu entgehen, schließe ich mich eben nicht an einen bestimmten Staat an, sondern weile überall als Fremdling." Sokrates malt ihm daraufhin das Schicksal des Vogelfreien und Staatenlosen aus; da hat sich bis heute nicht viel geändert.

Besonders abgeschmackt sind die Hitler

Selektive Aufmerksamkeit! Wenn ein Patient sagt, er sei Napoleon, dann merken wir uns nur dieses Stichwort „Napoleon“. Wir haben mehrere Napoleons in der Klinik. Chronische und akute Napoleons, stationäre und ambulante Napoleons, Napoleons in der geschlossenen Abteilung und Napoleons mit freiem Ausgang. Besonders abgeschmackt sind die Hitler. Die kommen immer häufiger vor. Jeden zweiten Tag wird ein neuer Hitler eingeliefert. Es gibt sogar Patienten, die können schreiben wie Hitler, die schreiben in Hitlers Handschrift. Und wir haben hier Hitler in allen Lebensaltern. Einen fünfzehnjährigen Hitler zum Beispiel, der den späten, nervlich zerrütteten Hitler im Führerbunker verkörpert, und einen dreiundachtzigjährigen Hitler, der behauptet, im nächsten Leben der echte Hitler zu *werden*, der noch gar nicht gekommen sei; er bereite sich darauf systematisch vor. Wir würden als Pfleger selber verrückt werden, wenn wir uns auf alle diese Reden einließen.

Wir haben hier jetzt im Haus derzeit sage und schreibe zweiunddreißig Hitler. Der alte Pfleger, dessen Nachfolger ich, der junge Pfleger, bin, ist über diese Tatsache nicht hinweggekommen. In den siebziger Jahren, erzählte mein Vorgänger, habe es in der ganzen Anstalt nur einen einzigen Hitler gegeben, einen älteren Herrn, der am Fensterbrett seines Zimmers eine Rasierpinsel-Sammlung stehengehabt habe. Dieser ältere Herr habe sich „Adolf Hitler“ genannt, obwohl er gar keine, nicht die entfernteste Ähnlichkeit mit dem wirklichen Hitler gehabt hätte.

Auch hatte dieser vorwiegend harmlose, höfliche ältere Herr niemals im Leben einen Oberlippenbart getragen. Auf dem Fensterbrett waren dreißig beziehungsweise einunddreißig Rasierpinsel postiert, den Tagen eines Monats entsprechend. Als der frühere Pfleger den älteren Herrn einmal scherzhaft „Adolf Hitler im Ruhestand" genannt hatte, erwiderte der so angesprochene ältere Herr ebenso scherzhaft: „Adolf Hitler im Rasierpinsel, Rasierpinsel-Kunstmaler in Rente". Auch sei der ältere Herr ein Hosenträgerträger gewesen. Er habe auch nie gelbe oder braune Hemden getragen, sondern gestreifte Pyjamahemden. Der eigentliche Beruf des älteren Herrn sei Geometer gewesen. Im zweiten Weltkrieg sei er beim Schlachtfeldvermessen wahnsinnig geworden. Wenn sich der gutartige ältere Herr rasierte, sagte er immer: „Ich ersticke den Bartansatz im Ansatz." Gerne habe der ältere Herr solche Wortspiele gebraucht wie „Ansatz im Ansatz" oder „Hosenträgerträger". Manchmal habe er diese Wortspiele noch zusätzlich zu endlosen Ketten erweitert, also zum Beispiel wurden aus „Hosenträgerträgern" dann noch „Hosenträgerträgerträger": das seien Personen, deren Aufgabe oder Beruf darin liege, die Hosenträgerträger irgendwohin zu tragen. Der freundliche ältere Herr habe sich – den Berichten des früheren Pflegers zufolge – am Ende seines Lebens nur mehr noch mit solchen Wortspielen – und zwar *systematisch* – beschäftigt. Etwa habe ihn in diesem Zusammenhang das Problem *geplagt*, ob nun einer, der einen Hosenträgerträger lediglich aufheben und in die Höhe stemmen, ansonsten aber auf der gleichen Stelle verharren würde, ein Hosenträgerträgerträger sei oder nicht. Der freundliche ältere Herr habe dann nach längerem Grübeln als Hosenträgerträgerträger nur *solche* Männer bestimmt, die einen Hosenträgerträger aufheben und in die Höhe stemmen und von einem Ort A zu einem Ort B tragen würden. Schließlich aber habe sich ein weiteres Problem ergeben: Was wenn der Hosenträgerträgerträger den Hosenträgerträger nur in die Höhe stemmt und neben sich abstellt, wenn er also zwar den Hosenträgerträger von einem Ort A an einen Ort B stellt, selber aber auf dem Ort A stehenbleibt? Dann, so der immerzu freundliche ältere Herr, sei der Hosenträgerträgerträger kein Hosenträgerträgerträger, sondern ein Hosenträgerträger*wegheber*. Der allezeit immerfreundliche ältere liebe Herr habe zur Vereinfachung Abkürzungen gebraucht, zum Beispiel für Hosenträgerträgerträger die Abkürzung H 1 plus H 2. H 1 deshalb, weil der Hosenträger als solcher ein Ding sei, ein Zweckgegenstand, zwar ein zusammengesetzter Zweckgegenstand, aber doch nicht zu verwechseln mit dem menschlichen Funktionsträger Hosenträgerträger H 2. Ein H 2 setzte sich auch nicht einfach aus einem H 1 plus einem H 1 zusammen, denn, wie jedes Kind wisse, ergäben ein Hosenträger plus ein Hosenträger noch lange keinen Menschen, sondern es seien ganz einfach zwei Hosenträger, vielleicht, der Anschauung halber, ein Hosenträger und ein Ersatzhosenträger, für den Fall der Fälle, dass ein Hosenträger reißt. Es haben sich also auch noch neuartige Verknüpfungsregeln ergeben. Der doch sonst immer freundlich gewesene ältere Herr sei dann beim Erklären im Tonfall *energischer* geworden und habe seinem Gegenüber mit Hilfe der dreißig beziehungsweise einunddreißig Rasierpinsel die Probleme *bildhaft veranschaulicht*. Manchmal sei dem älteren Herrn dabei der Geduldsfaden gerissen, und er habe dann regelrecht die Rasierpinsel auf die Tischplatte geknallt. Einmal habe der ältere Herr seinen Großneffen zu Besuch gehabt, und dann habe der ältere Herr dem Großneffen einen ganzen Sonntagnachmittag lang das Problem der Hosenträgerträgerträger *erklärt*. Im Verlauf dieses *Unterrichts* habe dann der ältere Herr seinem Großneffen jeweils einen Rasierpinsel auf jeden einzelnen seiner Finger gebunden und habe schließlich, als der Großneffe das Hosenträgerträgerträgerproblem *noch immer nicht verstanden* hatte, dessen Hände, an denen die Rasierpinsel befestigt waren, auf die Tischplatte geknallt, dass der sechs- oder siebenjährige Großneffe dabei weinend aufgeschrien habe. Am Ende habe dann der ältere Herr, der sich „Adolf Hitler“ nannte, die Hände des Kindes, auf deren Fingern die Rasierpinsel zur Veranschaulichung des Hosenträgerträgerträgerproblems *mit Drähten montiert* worden waren, mit voller Gewalt auf die Tischplatte geschlagen und habe sich selber mit dem ganzen Körpergewicht noch mehrere Male nachgestemmt, sodass dem um Hilfe schreienden Kind bei dieser *Denksportaufgabe* zwei Finger gebrochen worden seien. Der sich „Adolf Hitler“ nennende ältere Herr sei dann in die geschlossene Abteilung der Klinik verlegt worden und habe keinen Besuch mehr empfangen dürfen.

Der Vollmensch wird Freiheitlicher als ob mit blondem Schweröl im Kopf

„Wo wills hinaus? – Noch eine Dicke,
An der ich mich vielleicht erquicke!
Zum letzten Mal gewagt! Es sei!
Recht quammig, quappig“ (*Faust II*, 2. Akt)

Er singe die Nazilieder ja nur „als ob“, rechtfertigte sich der Vollmensch. Deswegen weil er manchmal in ausgelassener Stimmung Nazilieder singe, sei er noch lange kein Nazi. Deswegen weil er Judenwitze erzähle, noch lange kein Antisemit. Dies alles tue er nur „als ob“. Er müsse diesen Anteil, der *in jedem* sei, abreagieren. Er surfte dann in einer Art Weinseligkeit dahin. Den „inneren Faschisten“ müsse man annehmen, „den Wolf umarmen“. Die Lieder *klängen wie* Nazilieder, aber es bestünde da ein feiner Unterschied, eine „differentia specifica“. Es seien sogar *wirklich* Nazilieder, äußerlich durch nichts von den echten Naziliedern unterschieden. Man könne genaugenommen keinen Unterschied bemerken, ob diese Lieder nun aus Nazi-Kehlen oder Antinazi-Kehlen gesungen würden. Es sei äußerlich das gleiche. Aber *innerlich...* Der metaphysische Unterschied! Es ginge um die Metaphysik des Alltags, die konkrete Metaphysik! Indem ein Antifaschist Nazilieder wie ein waschechter Nazi singe, würde das *Liedgut*, so mein weinseliger Vollmensch, gleichsam aus aller Barbarei *erlöst*; es gäbe dann auch keine Nazis mehr, wenn alle äußerlich sich wie Nazis verhielten. Denn wie könnten die echten von den Als-ob-Nazis dann noch unterschieden werden? Einer gliche dem andern – und doch: *innerlich* klafften Welten. Der Vollmensch verstieg sich zu fortgeschrittener Stunde sogar zu der Aussage, man könne die Strache-Partei wählen, obwohl man im Grunde gegen Strache wäre, denn so, wenn alle den Strache wählten, wären alle Antifaschisten bis zur Unauffindbarkeit in dem einen blauen wogenden Ozean getarnt. Er sagte wirklich „in dem einen blauen wogenden Ozean", und in ihm schien tatsächlich etwas zu wogen, zu schäumen, zu brodeln, zu zischen und zu knallen. Na und, es seien Nazilieder. Und er lasse sich ihr Absingen von niemandem verbieten, weil er sich niemals von niemandem je etwas verbieten habe lassen. Also sei er ein standhafter Anwalt der Freiheit, sozusagen ein authentischer Freiheitlicher. Der Vollmensch fuhr plötzlich in die Höhe, riss wie ein Automat den Arm hoch und brüllte: „Heil Hitler!" Die Umsitzenden starrten alle her. Dann beugte er sich zu mir herunter, und stieren Blicks fragte er mich quer über die Tischplatte: „Bin ich denn deshalb jetzt ein anderer Mensch?" Deswegen weil er „Heil Hitler!" brülle, sei er noch lange kein Nazi. Er zitiere lediglich *performativ* den Nazi-Gruß, er zeige vor, wie ein echter Nazi zu grüßen habe, er zeige vor, wie irrsinnig seinerzeit die Nazis gewesen wären. Und dann raunte er mir ins Ohr, dass er verrückt nach deutschen blauäugigen Blondinen sei, dass er oft alte Fotoalben und Bildbände durchblättere und wenn er in diesen auf seine Nazinen treffe, sich in die Hose greife, so sehr verhexe ihn das. Besonders ein Bild habe es ihm angetan: eine bei einem Bombenangriff erstickte Nazine in SS-Uniform, mit einem irren Grinsen im Gesicht, und mit der wolle er Beischlaf begehen. Er schreie beim Wichsen lauter germanische Frauennamen wie eine Litanei vor sich her, und diese Namen würden zu einer metaphysischen Realität, die zu seinem *Lebenselixier* geworden sei. Bei linksgerichteten Frauen bekäme er schon lange keinen mehr hoch. Er wolle ganz einfach nur mehr ein besinnungsloser Zuchthengst im „Lebensborn" sein, gestand er mir unter dem Siegel der Verschwiegenheit, „ganz unter Männern gesagt". Auf der *Suche nach dem reinen Ficken* sei er auf die blauäugigen Blondinen gestoßen, die er bei Vollmond auf alten heidnischen Kultstätten schwängern wolle, *so viele wie möglich*. In diesen Momenten müsse er sich ganz in einen Faschisten versteifen, er dürfe dann kein Als-ob-Faschist mehr sein, sondern ein echter, „waschechter", wie er sagte. Das sei so etwas wie eine heilige Kommunion. Man könne das Bewusstsein nur dann noch abschalten, wenn man sich im Nationalsozialismus „verinnige", so seine Ausdrucksweise. Wie ein Kaninchen-Bock möchte er sogleich nach getanem Befruchtungswerk vom Körper seiner Partnerin abrutschen, herunterpurzeln und in einen tiefen unschuldigen Schlaf fallen. „Bin ich aber deshalb schon ein Nazi?", fragte er mich. Und dann gestand er mir noch, bei der letzten Wahl perverserweise die Freiheitlichen gewählt zu haben, „aber *als Gegner*". Das ganze sei eine Inszenierung im Imaginären. Kürzlich wäre ihm beinahe der Genuss des „blonden Fleisches" – so drückte er sich aus – abhanden gekommen. Ein von ihm so genanntes „Vollweib" habe sich nämlich als „Halbweib" entpuppt: als eine Intellektuelle. Sie hätte zu ihm gesagt, dass sie ihm das nächstemal den Schwanz abschneiden werde. Denn sie spiele im Gegensatz zu ihm nicht immer das gleiche öde Spiel. Sie sei zwar letzthin seine „germanische Zuchtstute" gewesen, aber sie sei es überdrüssig geworden, mit solchen

Reizen alternde Männer anzufachen, denen die erotische Phantasie ausgegangen sei. Mit Vorliebe drehe sie die Rollen um. Sie hießen ja Rollen, weil sie sich nach Belieben rollen ließen, mal so, mal anders, mal wieder ganz anders. Sie wähle entweder kommunistisch oder gehe überhaupt nicht zur Wahl, je nach Dringlichkeit und Laune. Sie habe eine Vorliebe für das Meer, für die Meeresluft. Sie sei für Freiheit, doch ganz gegen die Freiheitliche Partei. „Ihr Gebirgler seid alle eng im Kopf, euch sind die Alpen seit Generationen in die Hirnwindungen hineingewachsen. Eure Schädel sind erstarrte Tropfsteinhöhlen. Deswegen weil ihr ein paar hundert Meter höher über dem Meeresspiegel liegt, braucht ihr nicht zu glauben, dass ihr einen größeren Überblick hättet." Sie kommt von der Nordseeküste. „Unsere Hexen sind anders – mehr Nixen", sagte sie zärtlich zu dem blondinenfressenden Vollmenschen. Dieser war davon abgetörnt. Mit hängendem Schwanz zog er von dannen. Er wolle nun keine Germaninnen mehr, denn unter „Germanin" stelle sich sein Imaginäres etwas anderes vor. Er wolle jetzt nur mehr freiheitliche Österreicherinnen oder christlichsoziale Bajuwarinnen ficken, derbe, deftige Blondinen. „So eine geile freche Schützenliesel", setzte er zur Erläuterung hinzu. „Die auf einem riesigen rollenden Fass schaumgekrönte Bierkrüge serviert." Er sehne sich nach dem rechtsgerichteten Regionalismus. Mit dem Begehren der Germaninnen sei er gründlich eingefahren. „Vielleicht sollte ich es doch mit fetten Negerinnen probieren", so seine schlichte rassistische Ausdrucksweise. „Wie dem auch sei. Ich lüfte vor dir mein letztes Geheimnis" – und er zog aus seiner Brieftasche den Mitgliedsausweis der Freiheitlichen Partei.

„Aber nur *als ob*!"

Der Keiler

Der ebenso wohlmeinende wie mir übelwollende Einwand eines sogenannten *Alten Herren* aus einer Studentenkorporation, eines Juristen und Hobbygoetheforschers namens DDr. Klug, war der, dass ich zu wenig „das Viech im Menschen" hätte zur Kenntnis genommen und demnach mein eigenes Viehisches unentwickelt und verlottern hätte lassen. „Dass Sie", so dieser *Menschenkenner*, „das Viech in Ihnen lieber mit sich selber ausmachen, statt es andern frisch, fromm, fröhlich, frei zuzumuten." Deshalb wäre ich „eine Memme", wäre „für nichts zu gebrauchen". Ich würde meine *Reservatio mentalis* niemals aufgeben, ich hätte immer noch romantische oder sogar indefinable, ja erst künftige Geheimfächer in meiner Subjektivität mir vorbehalten, würde mich niemals durch irgendein grundlegendes Erlebnis belehren lassen und mich deshalb auch nie in die Bitterkeit des Lebens fügen, mich mit dieser für immer abfindend. Deswegen sei ich immer noch wie gehabt ein „leichter Bursche", der das Leben nicht ernst genug nähme; ich hätte die Abzweigung zum Ästhetischen, zum Komischen statt zum Tragischen und Existentiellen genommen und würde lieber ziellos herumwandern und mich an den Orten der Macht vorbeidrücken, sei für die Macht so gut wie verloren. „Sehen Sie, Herr Kollege, glauben Sie mir, ich kenne das Leben. Ich kenne die Menschen und insonderheit die Weiber."

Hätte man einmal die Bitterkeit geschmeckt und sei an seine Grenzen geführt worden, an den Engel des Paradieses geraten, der dasselbe mit einem unerbittlichen Schwert bewache, dann gäbe es für einen „rechten Mann" nur mehr eines: „die *Pflicht*, nichts anderes mehr". Daneben noch das *Vergnügen* zwar, als ein *Ventil*. Ich hätte den leichteren Weg gewählt, mir nämlich meine Arbeit zum Vergnügen gemacht. „So wenig Entfremdung als nur irgend möglich.“ Bewirkung eines „animalischen Gleichmuts“, so der biedere Moralist.

„Nun sehen Sie, mein Herr“, entgegnete ich, „Sie sprechen plötzlich von ‚animalischem Gleichmut‘, wo Sie mir doch vorhin das Vorhandensein von tierischen Eigenschaften hatten absprechen wollen! Sie scheinen immer nur ganz bestimmte Tiere vor Augen zu haben, Tiere, die die Fähigkeit besitzen, andere offensiv anzustinken. Es gibt aber auch andere Tiere, sehr viele andere Tiere. Ein sattes Kätzchen, das sich zusammenrollt, was ist mit dem?“

Dem DDr. Klug war von einem jungen Studenten kolportiert worden, dass ich auf meiner Wohnungstür ein Schild mit der Aufschrift „HIER WIRD NICHT GEFICKT“ bis auf Widerruf befestigt hätte. Dieses von dem Studenten mir angedichtete Schild ließ ihm nun keine Ruhe. Er wertete es als *Zeitsymptom*. Ich sei wahrscheinlich der einzige Mensch auf Erden, der sich mit einem solchen Schild *als ein Neutrum* auswiese, sich dessen offenbar nicht schämend. Wenn es von mir nicht ironisch gemeint sei (und das Buch *Der selbstbefriedigte Mensch* des verkrachten Juristen Volker Elis Pilgrim auf meinem Bücherregal deute darauf hin, dies hatte der junge Denunziant ihm also ausgeplaudert), dann bringe das nur meine Dekadenz vollends zum Ausdruck. Ich sei ein „Mensch des Niedergangs“, den man nur durch härteste Unterdrückung und Zurücksetzungen zur Räson bringen könne. „Wenn bei Ihnen nicht ohnehin alles zu spät ist.“

Ausführlich erzählte der Doppeldoktor nun von seiner Zeit als Student, dass er zuerst der Studentenrevolte sich angeschlossen, dann aber schneller als andere sich davon abgekehrt hätte. „Wenn Sie wirklich ernst machen wollen mit der sexuellen Revolution, dann werden Sie Couleurstudent!“

Er entwickelte vor mir eine *Typologie des Studenten*. Sie war in ihrer Simplizität verblüffend. Sie war ausgerichtet nach der Art, wie ein junger Student, zum erstenmal eine eigene Bude beziehend, diese einrichte. Am brauchbarsten seien jene, die dem Bett bzw. der Liegestatt die größte Aufmerksamkeit widmeten. Einerseits haben diese einen Schreibtisch, zum andern aber eine möglichst große *Turnfläche* am Boden. Und auch der Kleiderschrank sage ja schon alles! Ein richtiger Student hätte viele gebügelte Hemden, wenige bis gar keine T-Shirts, mindestens drei Anzüge, davon ein Smoking, und Mäntel statt Lederjacken. „Hören Sie, *Mäntel*! Wenn Sie einen Mantel besitzen, wird alles anders, glauben Sie mir. Besitzen Sie zum Beispiel einen Lodenmantel oder einen Trenchcoat, wird Sie das immer beim Öffnen des Kleiderschranks daran erinnern, dass Sie sich an der bürgerlichen Welt zu orientieren haben." Es ginge ja gar nicht darum, sich die richtige Körperhaltung anzugewöhnen oder sich entsprechende Muskelpakete anzutrainieren, sondern mit der Kleiderordnung käme alle übrige Ordnung. Ein Blick in meinen Kleiderschrank – „Ich habe keinen Kleiderschrank!", entfuhr es mir – würde schon alles über mich sagen. Man bräuchte gar nicht die Bücher kontrollieren, die ich mir in der Bibliothek ausliehe (er zählte mir fast ein Dutzend Bücher auf, die ich im letzten Semester ausgeliehen hatte, woher er das nur wusste?!), sondern einfach nur den Kleiderbestand in Augenschein nehmen, um zu sehen, wes Geistes Kind ich sei. „Ich brauche den Menschen gar nicht mehr kennenlernen, habe ich einmal einen Blick in seine Wohnung geworfen. Ich kann ihn an all den Dingen, die Sie als ‚Äußerlichkeiten' zu bezeichnen belieben, vollauf erfassen. In diesen Dingen kann ich seine Gedanken, seine Vorbehalte und Bereitschaften lesen, den Zuschnitt seines Charakters. Sehe ich nur Ihre Matratze und die vielen seit Monaten am Boden herumliegenden beschriebenen Zettel, auf die Sie übrigens sogar mit Straßenschuhen treten (so wichtig sind Ihnen in Wirklichkeit Ihre Gedichte!), und will ich mir, um mich von dem Schock Ihres Elendsquartiers zu erholen, ein Glas

Whisky einschenken und finde nach langem Suchen nur eine klägliche, dafür aber große Flasche Obstler, die unter Ihren Computertisch gerollt ist, aus der Sie offenbar mit dem Maul trinken, dann vergeht mir ja der Appetit auf weitere detektivische Untersuchungen. Sie haben keine eigene Getränkebar, der Kühlschrank steht komplett leer und ist nicht einmal angeschlossen, dafür haben Sie jede Menge Tee, auch den wieder nur in Teebeuteln, es ist, mit andern Worten, bei Ihnen, Herr Kulturschaffender, keine Kultur vorhanden! Und obendrein: ein Knoblauchfresser sind Sie! Rund hundert verstaubte, immer noch nicht zurückgegebene Bierflaschen – keine einzige Weinflasche dabei, Sie werden sich noch den Fluch des Bacchus zuziehen! – bilden eine zusammengestellte Masse in Ihrem Vorzimmer. Diese Eindrücke alle zusammengenommen, haben dazu geführt, dass ich mein Bild über Sie abgeschlossen habe, dass ich von Ihnen und über Sie nichts weiter mehr wissen oder lesen will. Dass Sie nichts von Goethe, dem ‚Füstenknecht', in Ihrem unsystematischen Bücherregal stehen haben, dessen Bretter sich vor der Last der hunderten nebensächlichen Autoren durchbiegen, und stattdessen sämtliche 12 Bände des *Demokritos* des vergessenen Carl Julius Weber, dieses verschrobenen Aufklärungsphilosophen und Anekdotenplauderes für die Gartenlaube, sich gekauft haben, zeigt wieder nur nichts als Ihren trotzigen Eigensinn, wie Sie sich mutwillig jeden Weg in die Welt verbauen."

Und dann noch lobte dieser DDr. Klug einige mir persönlich bekannte Burschenschaftler, die in ihrer Wohngemeinschaft eine eigene Bar eingerichtet, sogar einen alten *Wurlitzer* dort aufgestellt hätten, wo man „Oldies wie den *Badenweiler Marsch*" hören könne wie in alten Zeiten. „Mantel und Schirm, gebügelte Hemden und eine große Turnfläche am Boden zwecks Einübung in die Weiblichkeit, hören Sie! Aber bei Ihnen – Sie Biertrinker – ist Hopfen und Malz wohl verloren. Ich frage mich bloß, wer Ihr müßiggängerisches Leben bezahlt!“ Und dann noch, als ich mich abwandte, rief er mir nach: „Sie waren nie ein Student, sondern immer bloß ein Studierender!“ Und zuletzt auch noch: „Werden Sie endlich Vater, dann erst rede ich wieder mit Ihnen!“

Heinrich Marx schrieb einst an seinen damals studierenden Sohn Karl: „Ob Du je [...] für wahrhaft menschliches, häusliches Glück empfänglich sein wirst?“ Er warf ihm „Verwildrung im gelehrten Schlafrock und ungekämmte Haare statt Verwildrung bei dem Bierglase“ vor, „zurückscheuende Ungeselligkeit mit Hintansetzung alles Anstandes und selbst aller Rücksichten gegen den Vater. – Die Kunst, mit der Welt zu verkehren, auf die schmutzige Stube beschränkt...“

DDr. Klug hatte übrigens seine Gattin in einer Gratiszeitung über ein Inserat (neben allerlei feilgebotenem Gerümpel, alten Schlitten und Hamsterkäfigen etwa) kennengelernt, des Inhalts: „Minirock sucht Smoking mit Kinderwunsch“. Und so gingen aus dieser modebewussten Verbindung, die ja nicht einmal unbedingt als eine unglückliche bezeichnet werden müsste – die junge Dame erwies sich wirklich als willig-penetrabel –, schließlich wieder ein dunkler Konfirmandenanzug, der wie seinerzeit der Smoking inzwischen auf ein rechtswissenschaftliches Studium zusteuert, und zwei weiße Erstkommunionskleidchen hervor, deren Zukunft vorerst noch ungewiss ist. Wir leben in einer Welt, in der die Dinge sich über die Menschen hinweg paaren, aber auch entzweien – obiges ist nur wieder ein kleines, eher unwichtiges Beispiel dafür.

Der Schriftsteller Joseph Roth begann mit Möbelstücken um sich zu werfen, als man ihm nahelegte, einer politischen Partei oder Gruppe beizutreten.

Sehr bemerkenswerte kritische Sätze von Jean Paul über Schillers vielgesungene Hymne *An die Freude*: „Übrigens würd' ich aus einer Gesellschaft, die den herzwidrigen Spruch bei Gläsern absänge: ‚Wer's nie gekonnt, der stehle weinend sich aus unserm Bund', mit dem Ungeliebten ohne Singen abgehen und einem solchen harten elenden Bunde den Rücken zeigen, zumal da derselbe kurz vor diesen Versen Umarmung und Kuss der ganzen Welt zusingt und kurz nach ihnen Verzeihung dem Todfeind, Großmut dem Bösewichte nachsingt."

Schon bin ich draußen – in Begleitung. Sieh einer an, es gibt also auch noch Verbündete!

„Wer's nie gekonnt..." – was dahinter sich wohl alles verstecken mag? *Was* „nie gekonnt"? Die Arschkriecherei? Die Disziplinierung in einem exklusiven Club über sich ergehen zu lassen? Das Nach-oben-Kuschen und Nach-unten-Treten? Das Vergessen seiner selbst? Irgendwelche scheußlichen Rituale? Das Opfern von Unschuldigen? Anwerben von Söldnern? Die Zeiten sind heute nicht so anders.

Jean Paul über Schiller: Der hätte einen ungeheuren Machttrieb gehabt, der sich über alles erheben konnte. Ein Mensch letztlich „ohne Liebe", „felsig, kaltfrostig, stumm, abgebrannt".

„Wer's nie gekonnt, der stehle weinend sich aus unserm Bund" – er möge sich doch gegenwärtig halten, dass es ein „harter elender Bund" ist, wie ein harter elender Schuh oder ein hartes elendes Schnitzel, das man nicht einmal richtig schneiden kann. Und möge in seinem Weinen, in seiner Verlassenheit sich, sein Bestes, wiederfinden, statt sich unsinnig zu schämen. Die Welt besteht nicht nur aus diesen Skatbrüdern. Ob man sich nun „davongestohlen" hat oder aufrechten Ganges (türenknallend oder im Gegenteil die Türen offenlassend), hinausgeschritten ist, bleibt lediglich eine Stilfrage. Viel wichtiger ist dein Weinen... Führt es dich zu dir zurück? Das ist der Hauptpunkt. Kommst du in deinem Weinen wieder zu dir? Ermächtigt dich dieses Weinen zu großen kommenden Taten? Ist es wie ein lange ersehnter Regen, der auf die Dürre fiel?

Wirst ja auch eines Tages die Gabel in dieses harte elende Schnitzel hineinstechen und es dann hinaustragen, an den allesfressenden schmatzenden Schweineschnauzen draußen vorbei, hinaus in den Wald, weil du nicht wissen wirst wohin damit, auch nicht in den Ameisenhaufen, auch nicht in den See... Du wirst im Mondschein dieses harte elende Schnitzel aufgespießt tragen und einfach vor lauter Ekel nicht wissen wohin damit! In einen Baumstrunk stopfen? Auch alles nicht. Wie wird das komisch aussehen, wie du da nachts mit diesem aufgespießten Schnitzel durch die Gegend rennst! Wohin nur mit diesem Chagrinleder?

Allein dass sie dir zumuten konnten, auch so ein verschrumpeltes Leder zu werden, erstaunt dich. Du kannst es nicht fassen. Du kannst es einfach nicht fassen. Du fasst es nicht.

Du rennst also mit diesem Schnitzel auf der Gabel durch den Wald und schreckst die Tiere auf. „Zu so etwas hätten sie mich dort gemacht!“ schreist du und zeigst mit der andern Hand auf das elendigliche Ding auf der Gabel. Und du verziehst dabei dein Gesicht, wie nur selten ein genießerischer Graf angesichts des Eklen es gekonnt hätte. „Um ein Haar, und sie hätten mich gehabt!“, wirst du sagen, dabei lachen, rennen, springen, immer höher, mit dem Schnitzel an der Gabel. Im Mondschein wird es aussehen, ein Scherenschnitt tanze da wie ein schwarzes Feuer durch die Gegend.

„Rechne selten auf das Vertrauen und die Achtung eines Menschen, der sich in deine Angelegenheiten mischt, ohne von den seinen zu sprechen.“ (Vauvenargues)

Mir träumte das Problem Hans Blühers. Ein älterer Mann, mit weißen fliegenden Haaren, markantem Gesicht, von Beruf ein sogenannter Völkerkundler (ich frage mich dabei, ob er sich im Nationalsozialismus kompromittiert hatte), wird von Hermann (in meinem Traum, in Wirklichkeit ist er ja tot; ich träume von ihm fast nie) interviewt. Hermann verspricht sich etwas für sein *Aurora-Magazin* von ihm, hält ihn für interessant genug – den Naturapostel, den ich doch nur als abstoßend empfinde. Er habe sogar ein Buch bei Suhrkamp veröffentlicht… Und der Weißhaarige erzählt gerührt von seiner eigenen einstmaligen Jugend. Irgendwelche Spielereien und Neckereien hätten sie mit dem Codewort (dem ihnen, ihrer Gruppe eigenen) „die Álexen“ (so nannten sie sich: erstsilbenbetont) getrieben – und zwar seien sie gehänselt worden als „die Aléxen“ (zweitsilbenbetont) und wussten sich dagegen zu wehren. Ich begriff den Unterschied nicht. Und *wollte* ihn, da er einfach *zu* kindisch ist, gar nicht begreifen. Vielleicht war mit „Aléxen“ das Alexikalische gemeint, eine Form spontan-anarchistischer Unbildung, als Reaktion gegen Lexik und Lexikalik, gegen die Tyrannei des Enzyklopädischen und der Enzyklopädik, der Enzyklopädagogik, des schulischen Zyklopentums, der unförmigen polyphemischen Einäugigkeit des Bildungswesens. Und hatten es erstere mit dem Namen „Alex“ bzw. „Alexander“ gehabt – und der Name fungierte nun als Codewort, Erkennungszeichen. Aber ich fand diesen Schmarren eher nur peinlich, vor allem den Streit um das erstsilbenbetonte „Álexen“ und das zweitsilbenbetonte „Aléxen“ (auch, kommt mir gerade, erinnert es an „die Alerten“; alert = munter, frisch, aufgeweckt), es schienen schließlich zwei Jugendbanden, Jungenbanden, jugendbewegte Banden aus diesem Konflikt zwischen „Álexen“ und „Aléxen“ hervorgegangen zu sein. Wie beim Streit um den „wahren Jungen“ bei Gombrowicz… Die in meinen Augen *unsägliche* Burschenschafterei scheint sich ähnlicher Rituale zu bedienen, dieses Gefuxwichse, das ich als intellektueller Mensch nicht nur nicht nötig habe, sondern das ich *verachte*!

Doppelt verachte, wenn ein alter Mann, der noch dazu ein Gelehrter sein möchte, ihm huldigt, sich darin ergeht: seine Äuglein blitzten, giftig, als er Hermann davon erzählte. Der Weißhaarige, wie man sagt, *lebte auf.* (Soll er doch aufleben, er *ist* nur Asche, durch die der Wind fährt und sie noch einmal aufwirbelt.)

Da berichtet der alte Mann – er wird nun ganz ernst, als handelte es sich um die wichtigste Sache der Welt – von einer Holzfigur, einem Schnitzwerk, das ich auch zu Gesicht bekomme, das die Álexen verehren würden, dem sie sich *eigentlich* verdankten… Ich sehe diese Schnitzerei, ein plumpes Gesicht mit Knollennase, kunstlos, grob geschnitzt, wie aus der Wanddekoration eines ganz minderwertigen Schnapslokals. Nachgerade eine *Karikatur* aus Holz. Auch durch längeres Betrachten gewinnt dieses Bildwerk nichts, im Gegenteil, es ist eine holzgeschnitzte Karikatur, nichts weiter, ohne Seele. Ein geistloses Säufergesicht. Kein Gesicht, etwas Hoffnungsloses, Lebloses, nur und ausschließlich Blödsinniges, über das man nicht einmal lachen konnte. Bei mir wieder nur der Eindruck der *Ärgerlichkeit.* Einfach nur ärgerlich und abstoßend dies alles, der Holzkopf, die oder das Alexen, der weißhaarige Ergriffene, Hermann, mein Freund, von diesem ergriffen und eingewickelt, nun sogar nickend, immerzu nickend, zu und bei diesem ganzen Blödsinn nickend, fast als ereiferte er sich in Begeisterung mit dem alten Herrn. *Mein* Hermann geht nun diesem alten Herrn und seiner unsäglichen Holzfigur auf den Leim, ist im Begriffe, ihm auf den Leim zu gehen – was mich verdrießt.

Dann noch, im Hintergrund, sehe ich eine Gruppe von jungen Männern turnen. Meine Freundin sagt zu mir: „Gib doch zu, dass sie dir gefallen, gib es endlich zu!“ (Ja, sie gefallen mir wirklich, ich kann sogar kaum hinschauen, so sehr gefallen sie mir – aber wie können sie mir denn gefallen, wenn ich gar nicht hinzuschauen wage?!) Ich schweige. Sie gefallen mir, aber ich kann der Frau es nicht sagen; warum sage ich ihr nicht ganz einfach, frech, *dass sie mir gefallen…* Würde sie dann *heulen*? Sie gefallen mir, aber ich habe sie doch kaum angeschaut, sie gefallen mir, aber ich halte doch andauernd ihnen gegenüber meinen Blick gesenkt, sie gefallen mir, während sie die Arme hochschmeißen, die Becken kreisen, sie gefallen mir insgesamt, so viel Schönheit und Kraft besticht, sie gefallen mir… aber ich habe sie doch kaum gesehen, keinen einzelnen von ihnen, einer hat schwarzes gelocktes Haar, sie turnen in einiger Entfernung von mir, ich *kann* sie ja nicht einmal genau erkennen… Wieso können sie mir dann gefallen? Wieso gefallen sie mir dann?

Beim Aufwachen, mein folgender Kommentar: „Du hast soeben geträumt, was GÖTZENDIENST ist, was GÖTZENDIENST bedeutet, was es heißt, einem Götzenbild zu verfallen, was es heißt, ZU VERGÖTZEN… Und du hast geträumt, was Jugendbewegtheit, Wandervogel, Burschenschaft – *die wahre Burschenschaft* – ist, du hast diese kulturgeschichtliche Formation geträumt, der auch der elitäre Ideologe Hans Blüher angehörte. Dir ist in diesem Traum aufgegangen, was die *Verschwulung* ist. Du hast deine Anwandlungen angesichts deren und dessen erlebt, deinen eigenen Zwiespalt. Es ist ja eine Kulturmacht, die du nicht verleugnen kannst, deren Wirkung auf dich du nicht verleugnen *darfst*.“

Männerbünde: Intiationen der symbolischen Beleidigung der Natur, eine Kette von widersprüchlichen, verwirrenden Schocks, die man den Adepten zumutet, um sie aus dem Naturverband herauszulockern.

Jeder Adept durchläuft sinnbildhaft die Menschheitsentwicklung. Man wird symbolisch zum Komplizen der an der Weiblichkeit und an der Natur verübten Gräuel gemacht. Die Jungen werden wie Dreck behandelt.

Dagegen in der Gynaikokratie (allerdings nach dem sehr strittigen Bachofen): die Vorrechte der Jüngstgeborenen, weil sie am spätesten sterben werden.

Rituelle Homosexualität in Männerbünden: zum Zwekke der Verhöhnung der Natur, der Frau, das Vorführen dessen, dass es eine Zeugung (allerdings nur eine „geistige") ohne Frau geben kann, der Männerbund als sein eigener Schoß der Generierung. Diese rituelle Homosexualität ist tatsächlich forciert *widernatürlich*. Sie will sich als widernatürlich verstehen, sie will – wie de Sade in seinen megalomanen Ausfällen – „die Natur beleidigen" (*Justine*).

Neben dieser rituellen Homosexualität gibt es eine andere, antielitäre, die geradezu umgekehrt die Partei des überwunden Weiblichen ergreift, oder sagen wir besser in den meisten Fällen ist es eine Bisexualität, die dort, wo das Patriarchat klare und grausame Linien zu ziehen bestrebt ist, wieder verwischt, es ist die Stimme der Natur, der Wunsch nach Kohärenz, nach Bergung, geradezu verfeindet dem Tod (wie Canetti), verbündet dem Unbestimmten, Schweifenden, Träumerischen, ein Zugeständnis an Natur und Weiblichkeit und ein universelles, antistaatliches, egalitäres Mitgefühl. Im weiten Sinne des Wortes kommunistisch. Der unaufhörliche Versuch, die Wunden, die das Patriarchat der Welt gerissen hat, zu schließen. Diese Homosexualität ist nicht „widernatürlich", sondern Rücklauf zur Natur selbst, so wie KZ-Häftlinge, denen die Flucht gelang, sich in eine Mulde drücken, um wieder zu Atem zu kommen.

Mord in effigie

Mord in effigie, durch mich verübt. Vor einigen Jahren hatte mir jemand ein Bild vor die Tür gestellt – ich schließe nicht aus, dass es Professor Greif war, der einmal vor langer Zeit Künstler werden wollte, was seine Eltern verhinderten –, eine Frau darstellend, mit klaffendem, haarigem Geschlecht, mit Hufen statt mit Füßen, mit Krallen, alte Hure offenbar, und die Signatur wies darauf hin: ‚LIEBE'. Liebe also unter Anführungszeichen. Die sogenannte Liebe. Hier hatte jemand seine Enttäuschung über die Frauenliebe zum Ausdruck gebracht. Der Schriftzug war der des Professors, die Initialen waren die seinen, und es gab auch Gründe für ihn, mir gerade zu dem damaligen Zeitpunkt dieses Bild vor die Tür zu stellen. Wie wenn er mir sagen wollte: „Ich bin so geworden, so ein Arschloch, weil ich einmal an die Liebe geglaubt hatte und dann erfahren musste, dass es mit der Liebe nichts auf sich hat." Dass Frauen bloße „Tierchen" seien (und genau in diesem Sinne hatte ich immer einen andern Großbürgersohn klagen gehört, er würde mit dieser „Erfahrung" nicht fertig werden können: *er* also der edle, idealistische Mann, der eine Dame seines Herzens verehren und lieben möchte, und *sie*: die Schlampe, das Tier). Diese Klage der Männer habe ich immer nur als lächerlich empfunden. Über solche Ideale und Enttäuschungen bin ich ja von Anfang an hinweg.

Das Gemälde duldete ich etwa drei Jahre in meiner Küche. Es stand dort am Boden. Manchmal betrachtete ich es, manchmal durchaus eingehend, halbstundenlang. Überlegte sogar, es rahmen zu lassen. Doch sein Titel ‚LIEBE' (mit den Anführungszeichen) störte mich dermaßen, dass ich es schließlich nicht als Kunstwerk akzeptieren mochte. Da war viel zu viel Enttäuschung bürgerlicher Maskulinität darin. Mir schien diese Frauendarstellung auch ein Zerrbild zu sein, ein böser, hasserfüllter Anschlag auf das weibliche Geschlecht und das Ideal der Liebe eines Enttäuschten, dessen Enttäuschung ich nicht im mindesten mit ihm zu teilen vermag, ja die ich als lächerlich, als *wehleidig* empfinde.

Gestern verging ich mich an dem Bild, indem ich es vernichtete. Ich dachte an den Professor Greif, an seine allgegenwärtigen Gemeinheiten, an seine Weltanklagen, an seine bittere Enttäuschtheit, die alle andern mit sich reißen und hinunterdrücken wollte, und fand dieses Gemälde typisch zu ihm passend. So haben wir uns das Talent jenes jungen Kunst-Aspiranten, der er einmal gewesen war, vorzustellen. Ich wollte mich nun in effigie an meinem einstigen Herrn und Meister vergehen, hatte aber kein brauchbares Werkzeug. Zuerst also mit einem Bleistift auf das Bild losgegangen, der sofort brach. Zuerst gegen die Augen. Das erste, was ich zerstören wollte und dann auch zerstörte, waren die Augen. Ich schmierte braune Schuhcreme darauf, das war ein untauglicher Versuch. Schließlich fand ich einen Schraubenzieher, zerkratzte zunächst das Bild als ganzes und dann stemmte ich ganz gezielt die Augen heraus. Bald sah es aus, als weinte das von mir verstümmelte Gesicht. Wie aus einer Gießkanne tröpfelten die Tränen. Wie oft hatte ich mir mein eigenes Gesicht verwüstet, ohne je dabei zu weinen! Danach ging es gegen den Mund, die Nase. Ich verfiel darauf, es unter den Wasserhahn zu legen und bürstete es unter dem heißen Wasserstrahl so lange ab, bis es bleich wurde. Die Darstellung war immer noch zu erkennen, eine Leiche blickte mich nunmehr an, ein Gespenst. Dachte einen Moment lang noch, das Bild nun selber zu übermalen und dann mit meiner Handschrift zu signieren. Aber ließ das sein.

Es musste schnell gehen, obwohl ich innerlich ganz ruhig zwischen den einzelnen Zerstörungsschritten blieb. Diese Ruhe überraschte mich. Obwohl ich dann fest zustach und es genoss, wie der hineinschlagende Schraubenzieher das Bild ritzte. Es waren die brutalstmöglichen Schläge, nicht der Heftigkeit, nein der Effizienz nach.

Das Bild war auf Holz gemalt. Eine Leinwand wäre schneller zu zerstören gewesen.

Das bleiche Bild stand nun noch eine Weile über dem Waschbecken und tropfte ab. Seine Grundkomposition und Grundintention war noch zu sehen. Außerdem mochte ich nicht von einem Totenkopf angeblickt werden. Ich holte also einen Ziegelstein vom Nebenzimmer, der mir dort zur Befestigung eines Regals dient, legte das Bild darauf und, nachdem ich es vorher noch mit meinen schwarzen Sohlen getreten hatte, zersprang es. Es war geknickt, ich riss es mit den Händen entzwei. Und dann zerriss ich es in lauter kleine Stücke, alles was noch an ein Auge, eine Zehe, ein Ohr, ein Knie erinnerte, wurde von mir so lange in Stücke gerissen, bis es nicht mehr kenntlich war. Ein Teil wanderte ins Klo, wo es zusammen mit alter, ranziger, von mir ausgeschütteter Milch schwamm. Der andere Teil in den Müllsack, wobei ich nicht unterließ, Speisereste darunter zu mengen. Ich hatte das Bild restlos zerstört und dann anschließend entsorgt.

Noch einige Stunden danach stand in der Erinnerung mir dieses anfängerhafte Gemälde vor Augen, in allen Details, wie wenn ich es selber gemalt hätte. Hatte mich der Akt der Zerstörung entlastet? Hatte er irgendetwas in mir bewirkt? Nein, nur die Erfahrung dieser Ruhe zwischen den einzelnen Zerstörungsschritten war für mich wie gesagt überraschend. Und doch geschah alles wie von Notwendigkeit. Aber es war kein Affekt, der sich da entlud, sondern das Zerstörungswerk geschah methodisch, mit äußerster Ruhe und Überlegtheit. Und wurde ans Ende gebracht. Bis zuletzt hielt etwas am Bild meinem Zerstören stand, vielleicht die Seele des Bildes, wer weiß, und jetzt lebt das Bild noch in mir. Das unversehrte Bild. Jedoch auch die einzelnen Schritte der Destruktion halte ich in mir präsent, wie die einzelnen Schritte einer kunsterzieherischen Lektion.

Ich zerstörte ein Frauenbild, ein bestimmtes, von einem Mann verfertigtes Frauenbild. Ich ging nicht gegen die abgebildete Frau vor, sondern gegen den Mann, der ein solches Frauenbild hat und es mir als das verbindliche aufdrängt. Es war nicht Frauenhass, was mich zur Zerstörung antrieb. Ich wollte das falsche Bild der Frau zerstören, dieses Zerrbild, entstanden aus bürgerlich-männlicher Indignation. Ich verweigere mich dieser Indigniertheit. Ich kündigte das mann-männliche Einverständnis in diesen Dingen.

Gibt es nicht auch aus der Antike verstümmelte Pharaonenbildnisse, mit hebräischen Buchstaben geradezu geschlitzt? Oder wie die Christen antiken Bildnissen die Nasen wegschlugen.

Ein bestimmtes Bild wird als Lüge empfunden oder erinnert an vorhergegangene Knechtschaft und wird deshalb besudelt und in unterschiedlichen Graden destruiert. Eine andere Sichtweise will ihre ersten Triumphe feiern und zerstört mit lässiger Gebärde, aber hart zustechend und zuschlagend die etablierten Symbole, unter denen man sich verknechtet fühlte. Eine Bresche der Transzendenz schlagen.

A. erzählte mir einmal die folgende – angeblich wahre – Gräuelgeschichte, die sich während der Nazizeit an der medizinischen Fakultät der Wiener Universität abgespielt haben soll:

Angehende Mediziner waren von einem Professor am Abend eingeladen worden, menschliche Eierstöcke, die herausoperiert worden waren, zu verzehren.

Das sind genau *die* Rituale, die mir ein Gräuel sind. Gegen solche Initiationen in die Barbarei wehre ich mich auch – wenn es sein muss – mit Gewalt. Für solche „Späße“ und „Pikanterien“ bin ich nicht zu haben.

Würde mir jemand diesbezüglich „einen Streich spielen“ wollen, mir also heimlich Menschenfleisch auftischen, und ich würde es im nachhinein – und wäre es erst Jahre später – erfahren, ich würde den betreffenden dekadenten *Maître de plaisir* eigenhändig erwürgen und ihm vielleicht auch noch mit meinen Zähnen die Kehle durchbeißen. Ich würde ihn keineswegs erschießen oder erdolchen, auch nicht zu Tode prügeln, sondern ich müsste mich buchstäblich mit Zähnen und Klauen wegen einer solchen Schändung rächen. Ich müsste jenen Verderber anfallen *wie ein Tier* – ohne Zuhilfenahme eines Werkzeugs. *Treten*, ja, das käme auch noch in Frage. Das entfesselte Tier in mir wäre menschlicher als jener höchstdisziplinierte Unmensch.

Ausgänge

Im Traum unterdach auf dem schmalen Sims eines Reihenhauses somnambulisch entlanggegangen, eines Reihenhauses oder einer Häuserreihe mit der Länge mehrerer Kilometer und etwa fünfhundert Meter hoch. Erst als stürmischer Regen aufgekommen und die Wolken wie trübe Zeppeline vorbeigezogen waren, wurde mir die Lebensgefährlichkeit solcher oft schon gemachten Spaziergänge bewusst. Hinter den Balken einiger dieser Dächer befanden sich Bordelle, auch ein rotchinesisches Bandennest. Einige Menschen schienen in ausgefransten Hängematten (es waren alte, außer Dienst gestellte Fischernetze) zu leben, die zwischen den Dächern befestigt waren. Die Stand- und Trittfläche meines Simses betrug eine Handbreite. Ich bangte schlotternd um den Abstieg. Langsam, Meter für Meter, die Hände an Balken und Mauervorsprüngen fixiert, besorgte ich ein gutes Ende des Abenteuers. Als ich glücklich am Boden angekommen war, mich versichernd, nie wieder so leichtfertig mein

Leben aufs Spiel zu setzen, begegnete mir unter einem der Torbögen meiner Heimatstadt der blinde, inzwischen verstorbene Schriftsteller Albert Drach, dessen praktische Kleidung, Mantel und Schirmmütze, ungeahnte Wanderlust verriet. Auf meine Frage, wohin denn die Reise ginge, wies er bedeutungsvoll die unermessliche Häuserfassade hinauf. Eben dort oben, auf dem Grat des Wagnisses, wollte er sich als Greis ergehen, von wo ich fröstelnd und Krämpfen nahe als Jüngling herabgestiegen war. Er würde täglich dort oben spazieren. Als ich ihn beschwor, von dem halsbrecherischen Unternehmen abzulassen, sagte er nur in rätselhaftem Ton: „Mir kann ja nichts passieren." Auch ich wurde umgestimmt und ging in der Vorfreude erneuter Gratwanderungen nach Hause, um mich bei einem russischen Tee zu laben.

Man wird gekannt, ohne auf die, die einen somit kennen, angestoßen zu haben. Das ist ein ganz neuer Effekt, als Junger hattest du das überhaupt nicht eingeschätzt. Du willst den Ort fliehen... Doch irgendwo muss einer ja aus dem Haus rauskommen. Du hättest gern für jeden Tag, für jede Nacht einen andern Notausgang. Die hiesigen Landsleute haben für eine solche Einstellung das Wort „leutscheu". Ein leutescheuer Mensch... Wenn ich höre „Leute", dann läutet in mir schon der Alarm. Grüße ich sie, dann nur aus vorbeugender Ängstlichkeit, will ungeschoren bleiben. Nachbarn sind durch Blicke und Schritte und Stehenbleiben am mächtigsten. Ich stoße auf einen Neuen, ich stoße beim Müllausleeren mit ihm moralisch zusammen, der ereifert sich über meinen zu großen Müllsack, und nur aufgrund der Größe des Müllsacks sagt er mir meinen Charakter und meine Lebensgeschichte auf den Kopf zu. Er nennt mich, obwohl ich höflich beschwichtige, einen Müllterroristen und wird handgreiflich. Du bist immer dem Augengericht ausgesetzt, du hast dich schon den andern als Augengericht zubereitet. Wohnst du einige

Jahre am gleichen Ort, wirst du täglich mindestens zweimal durch eine Grußwurstmaschine durchpassiert, durchfaschiert. Der von dir vorsorglich Gegrüßte lächelt kurz, nimmt aber, sobald er von dir anderthalb Schritte Abstand gewonnen hat, sofort das Lächeln ins Gesichts-Eis zurück. Leute schauen aus Fenstern, was und wo du einkaufst; sie haben mich schon so weit gebracht, dass ich eine Einkaufstasche verwende, niemals ein Einkaufsnetz. Ich gehe mal den einen, mal den andern, manchmal den dritten, dann aber völligen Umweg, nur der Leute halber. Früher habe ich noch tagsüber Spaziergänge gemacht, am Morgen bin ich schon hinaus; heute geht das nur an Wochenenden. Vor allem muss ich Regelmäßigkeit vormachen. Ich tarne mein völlig unregelmäßiges Leben durch die Regelmäßigkeit, mein völlig unordentliches und schmutziges Leben durch äußere Ordentlichkeit und Sauberkeit. Zugleich werde ich natürlich wegen meiner Ordentlichkeits- und Sauberkeitsmaske wieder gehasst: von denen, die wie ich diesen Ordnungs- und Sauberkeitswahnsinn hassen, und von denen, die mit ihrem durchdringenden Ordnungs- und Sauberkeitswahnsinn meine Ordentlichkeit und Sauberkeit als bloße äußerliche Ordentlichkeits- und Sauberkeitsvorführung erkannt und entlarvt haben. „Ist er auf einmal ordentlich und sauber, muss sich etwas verändert haben." „Vielleicht ist etwas an ihm verletzbarer geworden." Die älteren Krustentiere werden noch aufmerksamer. Da setzt nun also der Junge eine Kruste an. Und wie er grüßt, ganz schön scharfgezahnt. Der passt sich zwar an, will uns aber in Wirklichkeit ins Gesicht springen. Sieh einer, er rollt einen Koffer vorbei. Macht man denn mir nichts dir nichts unter der Woche Reisen? Und bleibt monatelang weg. Täuscht wohl vor, auswärts zu arbeiten. Aber Auto hat er keins. Er zieht hinter sich lärmschlagend einen Koffer am Wohnblock vorbei, dem munteren, militärhosentragenden Hausmeister mit dem Seelöwengesicht entgeht es nicht. Warum nimmt dieser Davonreisende kein Taxi? Das ist keine Geschäftsreise. So sieht kein Geschäftsreisender aus. Was will der auswärts arbeiten. Monatelang fort. Da ist etwas nicht richtig. Ich bewege mich wie ein Dieb durch die Gegend, den schweren Koffer nun am Griff aufnehmend, der Lautlosigkeit halber, nahe an der Hauswand schleichend. Dabei ist die Stadt eine der sichersten in Europa. Niemand würde auf mich schießen. Niemand würde mich fotografieren. Auf mich sind keine Spitzel angesetzt. Ich bin sozial ein Heringsgerippe, das einen lichtdurchbrochenen Schatten wirft. Mein Schatten ist schraffiert, nicht schwarz. Ich bin die Harmlosigkeit selbst. Und doch konnte ich hier nicht unbehelligt leben. Jede Zeit, das Haus zu verlassen oder zurückzukommen, war eine unmögliche. Wählte ich die frühesten Morgenstunden, saß ich dann mit flauem Magen auf einer Parkbank. Auf einer Parkbank sitzen morgens die Obdachlosen, Obdachloser will ich keiner sein, folglich stellte ich mich ins Gebüsch und erstarrte. Sah mich jemand, wie ich jeden zweiten Morgen starr im Gebüsch stand? Nur Sonderlinge stehen so im Gebüsch. Was machte ich dort? Ich wartete, bis die Lohnarbeiter den Wohnblock verlassen hatten. Dabei sind die Lohnarbeiter die mir noch am ehesten befreundeten Wesen. Die gehen ihrer Lohnarbeit nach und befinden sich auch auf eigenen Bahnen, mancher hat den Kragen aufgestellt. Ich habe immer sogleich ein Gefühl der Sympathie gehabt, wenn ich einen Menschen mit aufgestelltem Kragen gesehen habe. Deswegen ist mir ja Regenwetter, nach Möglichkeit stürmisches Wetter am liebsten. Weil es das Aufstellen des Mantelkragens rechtfertigt. Aber wer wird denn bei strahlendem Sonnenschein den Kragen der Jacke aufstellen? Und gar eine Zigarre im Mund am helllichten Arbeitstag paffen lassen. Cool wie Marlon Brando hätte man sein müssen. Einen One-night-Stand, und dann im Mantel auf den Balkon treten, im Streulicht in den Straßenverkehr treten. Aber ich hielt das als Marlon Brando keine Stunde durch. Die ganze Zeit über wurde ich von den lächerlichsten Problemen absorbiert. Verließ ich zwischen neun und halb elf am Vormittag das Haus, kamen mir die Hausfrauen und Pensionisten in die Quere. Ging ich einmal abwechselnd schon um acht Uhr einkaufen, fand ich mich als einzelnes Junginsekt unter lauter alten, nach Aktionsbutter begierigen Schaben. Ich nahm meinen Blumenkohl oder Eissalat an mich und erstarrte in mir. Es war nicht zu verhindern, dass ich gekannt wurde. Die Leute bildeten sich schnell über einen ein jahrelang, jahrzehntelang anhaltendes Urteil. Andererseits muss ich hinzufügen, dass ich mir über die andern dort wohnenden Leute bis heute kein Urteil zu bilden vermocht habe, ich weiß über die andern nichts und will nichts über sie wissen. Manchmal blickte ich, wenn es dunkel geworden war, vom Balkon aus auf die erleuchteten Wohnungen dieser andern – und genoss es. Ich rauchte dann eine Zigarre oder einen Zigarillo, oder mehrere Zigaretten hintereinander, schritt auf dem Balkon hin und her, sah die vielen erleuchteten Wohnungen, die bläulich vom Fernseherschein erleuchteten, die abgedunkelten, die gardinengeschützten, die nicht gardinengeschützten Wohnungen, und endlich atmete dieser Wohnkomplex einigermaßen frei und unbeengt. Wäre es immer so gewesen! Manchmal schaute ich auch zu, wie diese Lichter der Reihe nach gelöscht wurden, aber ich weiß bis heute nicht die Reihenfolge dieses Lichterauslöschens. Es gab und gibt diese Reihenfolge bestimmt. Aber ich werde mich nicht mit der Taschenlampe und dem Schreibblock hinaussetzen und Striche machen, wo zuerst, wo überall dazwischen und wo zuletzt das Licht abgeschaltet wird. Manchmal werden ja schon abgeschaltete Lichter wieder angeschaltet – geben sich gar gewisse Leute Lichtsignale? Dreimaliges Lichtaufleuchten im einen Block, dann im gegenüberliegenden Block ein kurzes Aufleuchten zur Bestätigung? Vielleicht werde ich mich wirklich in einem halben Jahr, wenn ich aus Berlin zurück sein werde, hinaussetzen und dort die Lichtbewegungen beobachten und registrieren, einige Wochen hindurch, regelmäßig. Etwas Jagdinstinkt kann also doch noch in mir aufzucken. Ich werde dann derjenige sein, der oben im winzigsten Zimmer wohnt und das Lichtschema anfertigt. Wenn ich rauchend von meinem Horst aus die Wohnanlage überblickte, war ich immer zufrieden gewesen. Der Innenhof – begrünt und hügelig, noch nie habe ich ihn benutzt. Sah ich zufällig tagsüber dort jemand einen Liegestuhl ausklappen, betrachtete ich es als Beitrag zum nachbarschaftlichen Frieden. Alle diese Ferienaktivitäten brachten ein gewisses Friedensklima herein. Auch auf den Parkplätzen skateboardfahrende, Kapuzensweater tragende Jungen, die der Hausmeister schnell verjagte, hatten mir im Gegensatz zu andern Bewohnern nicht missfallen. Gelegentlich ein nächtliches Hoffest bei loderndem Feuer und Bratwurstgrill wäre erfreulich für alle gewesen. Eine (auch dilettantisch) bemalte oder von Efeuranken bewachsene Fassade hätte mit meiner hellfreudigen Zustimmung rechnen können. Es wäre ja naturrechtlich, wenn man so sagen darf, Sache der Mieter, Sache der dort Lebenden, auch der Kinder und Jugendlichen, gewesen, über die Lebensausbreitung in jenem Gebäudekomplex auf basisdemokratische Weise zu diskutieren und abzustimmen. Warum gab es dort kein Mieterparlament? Keine Abstimmung über das Rasenmähen? Mir hätte hohes Gras viel besser gefallen als dieser vom Hausmeister mit dem Kleintraktor vierzehntägig angerichtete Borstenteppich. Es wäre auch genug Platz da für ein paar Schafe oder Ziegen gewesen. Nur beispielsweise. Oder dass Strickleitern von den Balkonen herunterhängen hätten können. Der Grund- und Hauseigentümer war ein Kloster. Das Leben war nicht zum Spaß da. Wir waren nicht auf Urlaub da. Wir waren nicht bei den Zigeunern. Die Liebesnester wurden ausgehoben, die Fensterbrettplantagen mit den Hanfpflanzen angezeigt. Das Leben dort war nur zum Hineinwachsen in das Sozialfall- und Krebspatientenstadium bestimmt. Hier mussten Ruhe und

Ordnung wie nach einer Atomreaktorkatastrophe herrschen. Fußabstreifer von gleichem Schnitt und gleicher Farbe gehörten vor jede Wohnungstür. Der Besen der Reinigung stieß bei mir regelmäßig jeden Dienstag um neun Uhr fünfunddreißig an meine Tür. Zeitunglesend, wartete ich schon jeden Dienstagvormittag auf dieses Geräusch, kam es, hielt ich die Zeitung reglos, dass sie nicht knisterte und meine Anwesenheit verriet. Keine Frage, dies war eine nette Wohnung. In die Tür war der übliche Spion geschnitten. Auf Knopfdruck wurde eingelassen. Wir lagen wie die Eiswürfel im Raster. Der Immobilienkrake hatte uns festgesogen.

Zeitweise ich in Berlin immer mehr eingeschachtelt, weggeschachtelt, in fremden Wohnungen vagierend, nomadisch. Walter Benjamin sprach vom „Zustand des von Schlaf und Wachen vielfach gemusterten, gewürfelten Bewusstseins".

So ist es anfangs im Berliner Osten noch gewesen: Der Blick stieß sich nicht wund, wurde nicht reflektiert, sondern sprang gleichsam wie ein Gummiball auf und ab weiter. Insbesondere die großen, unregelmäßig geschnittenen Pflasterplatten trugen dazu bei, die Hausfassaden, deren Ziegelsteine bloßlagen, die fensterlosen Brandmauern. Schornsteine wie surrealistische Schachfiguren und Schachspieler (in einem) rivalisierten gedrängt auf den Dächern. Die Hinterhöfe, von der Sanierung bedroht, erfüllten für eine kurze Zeit die Funktion des „deutschen Waldes". Dorthinein rannte ich nachts, um zu atmen. Auch altertümliche Holztreppen hinauf. Vor den Eingängen lagerten wie lässige Tiere die Fußabstreifer. Bei einigen Mietparteien schritt man über ein Fell, bevor man die Schwelle passierte. Unter dem Sozialismus hatten die Menschen (in gegenstrebiger Fügung) sich individualisiert – es grenzte an die Traumsphäre. Schon vor Jahren hatte mich der Ort im Traum gerufen: sogar ein Stadtplan wurde mir über die Durchreiche meiner geschlossenen Lider zugespielt. Wie viele Kassiber empfing ich im Traum, wie oft entkorkte ich schlafend die Flaschenpost. Pergamente wurden vor mir entrollt, aus noch ganz andern Zeiten und Gegenden, als säumigem Schüler.

Das gesprochene und das geschriebene Wort

Das gesprochene Wort wächst sich in mir schnell zu einem Ungeheuer aus, auch das gedachte Wort, das oft nur ein Doppelgänger und Schatten des gesprochenen und gehörten Wortes oder das als gesprochen vorgestellte Wort ist. Vom geschriebenen Wort dagegen geht für mich keine Gefahr aus. Außer es ist eine Drohung, die durch Wiederlesen ja nicht getilgt oder harmloser wird; aber alles sonstige Geschriebene tut viel weniger weh als das Gesprochene, dessen Grausamkeit vieldeutiger ist, dessen Nachwirkung in mir auch entsprechend vieldeutiger. Ich kann die Leute nicht verstehen, wenn sie das geschriebene Wort fürchten und es auf die Waagschale legen, es umdrehen und vorsichtig befingern; insbesondere das veröffentlichte Wort ist das – seelisch gesehen – harmloseste. (Das grausamste ist ein einziges zu dir von einem unbekannten Passanten grundlos zugezischeltes Geifer-Wort, das vieldeutig in dir nachwuchert, womöglich ein Leben lang).

Beim geschriebenen Wort kann man ohne weiteres sagen: „Das ist ein schlechter Text, gehen wir zu etwas anderem über“, beim gesprochenen, zu dir gesprochenen, steht dir dann ein leibhaftiger Mensch gegenüber.

Geschriebene Wörter: hinter Glas verpackte, in Spiritus gesetzte Ungeheuer, beschaubar von allen Seiten. Und man kann das Glas des Stils betasten und beklopfen, kann die Ungeheuer ans Licht halten; sie selbst bleiben undurchdringlich vom Licht; wir können das verschlossene Glas herumdrehen; sie selbst bleiben geheimnisvolle Dämonen hinter Glas.

„Das geschriebene Wort sei die naturnotwendige Verkörperung eines Gedankens und nicht die gesellschaftsfähige Hülle einer Meinung." (Karl Kraus, *Sprüche und Widersprüche*)

Der Mittelpunkt der Welt

Und ich gehe an einem Wohnhaus vorbei, lese zufällig an einer Klingel: *MITTELPUNKT DER WELT*. Da wohnt also jemand, der sich für den Mittelpunkt der Welt hält. Läute ich an, läute ich nicht an? Ich gehe vorbei, als ein murmelnder Passant: „‚Mittelpunkt der Welt', es gibt Wichtigeres. JEDER ist Mittelpunkt der Welt – und die Punkte an der Peripherie sind interessanter. Was weiß ich. Oder nicht. Fragen, die jedenfalls nicht im Zentrum *meines* Interesses im Moment stehen. Ein vermutlich irrelevantes Problem, nicht *mein* Problem."

Es ist das Problem *desjenigen*, der dort in dieser Wohnung wohnt und sich für den Mittelpunkt der Welt hält, das sogar auf die Klingel schreibt (denn sonst wüsste man es nicht, dass man gerade am Mittelpunkt der Welt vorbeigeht), dass der Passant den heiligen Ort, den so auf der Klingel als heilig bezeichneten Ort, anstandslos und murmelnd passiert, das Problem mit Leichtigkeit aufschultert, nämlich so, dass es ihm den Buckel hinunterrutschen kann, es ist nun das Problem des selbsternannten Mittelpunktes-der-Welt, dass ein *Elementarteilchen* dieser Welt an ihm murmelnd vorbeigeht, und der Mittelpunkt-der-Welt erfährt es gar nicht, weiß nichts von diesem ihn einesteils beachtenden, andernteils ihn abschüttelnden murmelnden Passanten.

Das Leichtgewicht der Liebe

Ich war lange nicht in Salzburg gewesen, gegenüber der *Kleinen Aula*, wo mein Vortrag über Pawel Florenski stattfinden sollte, befindet sich das *Große Festspielhaus* und mich irritierte der dort (im Jahre 2007) Wort für Wort jeweils auf gerahmten Tafeln angebrachte Satz: „Denn so stark wie die Liebe ist der Tod.“ Der Tod hat in diesem Satz das letzte Wort, im Tod findet dieser Satz nun seinen Schwerpunkt: die Liebe *erliegt* letztlich dem Tod. Ich habe diesen Satz ursprünglich anders in Erinnerung: damals war noch die Liebe stärker als der Tod, jetzt scheint es umgekehrt zu sein. Es gibt eben die, die das beizeiten wissen und sich der Liebeshoffnung als einer Schwärmerei entschlagen.

Sich hineinknien

Sie haben den etwas, wie gesagt wird, *lebensunfähigen* Bruder, einen einstmals *tatsächlich* begabt gewesenen, eher phlegmatisch-sanguinischen Menschen („der keiner Fliege was zuleide tut“), jahrzehntelang darben und verrotten lassen, *als freischaffenden Kunstmaler wirken*, ihn belächelt, an ihren Stammtischen verhöhnt; und nun endlich hat dieser Mensch, den ein Plakat am Boden kniend, Farben verspritzend, zeigt (das einzige Foto, das es von ihm gibt), doch noch einen lokalen Malerpreis abgefasst, jetzt ist er in seiner Erfolglosigkeit ausgebacken, tritt er doch schon jahrzehntelang auf der Stelle, verspritzt er immer noch auf die gleiche Weise die Farben (als „*konservativer* Jackson Pollock“, wie ihn die Kulturkritik, auf Betreiben seines mächtigen, ins Kunsthandelsgeschehen involvierten Bruders, eines Justizgewaltigen, nicht müde wird zu nennen). Inzwischen ist ihm also doch noch der eigens für solche wie ihn gestiftete Preis eines vor Jahrzehnten verstorbenen katholischen Provinzmalers endlich verliehen worden, damit sie, die Stadt und er, er und die Stadt, so *Frieden* miteinander finden können… *Ausgelaugt* vom Erfolg des bis zum Größenwahn ehrgeizigen älteren Bruders, geradezu *durch diese Brüderkonstellation wesenlos* gemacht, *verdankt* er nun den letztlich mickrigen Malerpreis hauptsächlich dem gesellschaftlichen Einfluss jenes *Bruderherrn*. Wie derselbe sich hineinkniet, um seine Machtstellung auszubauen, so kniet sein jüngerer Bruder in den Farben, in der *Scheiße* der Farben, in der Farbenscheiße. „Wisch' dich auf, komm, wisch' dich auf!", solche Sätze waren einst gefallen. Nun hängen die Bilder des Jüngeren in den Rechtsanwaltskanzleien und in den konservativ geführten Ministerien, selbst beim Militärkommandanten, auch im Polizeipräsidium als chaosrepräsentierender Bunthintergrund.

Lemmingsbegehr

Die Leute, ohne oben zu sein,
auf sich von oben herab blicken,
als wären sie dadurch schon oben,
als könnten sie dadurch hinauf.
So bleiben sie unten,
so sind sie untergekriegt.

Einer wird rasend,
weil er nicht oben.
Eines andern ganzer Stolz:
nicht unten zu sein.

Alle wollen sie nach Oberach,
keiner nach Unterach,
wo doch Unterach viel schöner sein soll
als Ort,
für die Füße schonender
und einschmeichelnd dem Gemüt.
Alle wollen sie nach Großkötz,
die in Kleinkötz geboren.

Wie der Lemming
als Automat
zur Klippe hinauf drängt!

Monster

Gäbe es nun einen blutrünstigen, ungerechten, willkürlichen und also im Negativen allmächtigen Gott, von dem wirklich beständig Gefahr für die Menschen ausginge, so würden viele ihm Altäre errichten und ihn durch Opfergaben besänftigen wollen. Vor allem in dem Maße würden die Leute zu seinen Kultstätten pilgern, als sie etwas zu verlieren hätten. Wir würden staunen, den Prozessionszug zu sehen!

Wie vor allem die Reichen sich vordrängen würden, um säckeweise Opfergaben abzuladen oder fürs Menschenopfer bestimmte gefesselte Sklaven bei der Priesterschaft abzuliefern, wie finster alles zuginge. Je reicher, desto mehr in die ganze Sache verwickelt. Und wie verlogen sie sich niederwerfen würden, auf ihre Brust klopfen und rufen: „Du großer Gott! Gütiger Gott! Uns gnädiger Gott! Nimm unser Opfer an! Verschone uns!“

Ein ganz fürchterlicher finsterer Betrieb wäre das. Lauter falsche, berechnende Gefühle. Sie würden alle den Moloch überlisten wollen, aber ihn weiterhin fürchten. Und deshalb würden sie sich vor ihm so krümmen. Die Stolzesten der Stolzen am meisten. Sie würden den Moloch, seine Eigenarten langsam auskundschaften wollen, vorsichtig die Priester auskundschaften. Bestechungsgelder würden fließen.

Aber auch die Masse des Volkes würde zu den Stätten pilgern. Die meisten würden sich unterwerfen, und die mit dem allerschlechtesten Charakter würden sich bei diesem Unterwerfen am meisten vor allen andern hervortun. Wir würden staunen, welch niederträchtige Ursprünge die Religion hatte!

Da wäre ein menschenfressendes Ungeheuer, und alle würden es anbeten, statt seiner zu fluchen. Sie würden es „gütig" nennen, obwohl sie doch tagtäglich sich vom Gegenteil überzeugen müssten, dass „der Gütige" die Menschenleiber auseinanderreißt und frisst und ihre Knochen ausspuckt.

Mit Sack und Pack würden einige besonders eifrige Familien, der „pater familias" zuoberst, zum Kultplatz ziehen, um *alles* zu opfern, würden ihm das jüngst- oder erstgeborene Kind zur Speise anbieten. Und dieser finstere Vater, bereit, sein Kind zu opfern, würde wilde, gestrenge Blicke um sich werfen, ob alle andern, Zaghafteren ihn nur gehörig bewundern würden, wie es sich gehört. Die Mütter würden verzückt die Augen verdrehen, das wächsern Gelbe ihrer Augen herauskehren, aber es wäre nur eine geschauspielerte Verzücktheit. Es wäre überhaupt alles geschauspielert. Alles unecht und pathetisch!

Das allmächtige Monster würde dieses Menschenpack weiterfressen.

Schließlich würden ganze Zweierreihen in das Maul des Monsters einmarschieren, aber nicht, um ihm die Zähne auszuschlagen, sondern um auf Befehl ihrer Oberen von dem Monster zermalmt zu werden, wie es sich gehöre.

Uns Zuschauern aus einer andern Zeit würde vor diesem Treiben nur grausen. Wir würden unsere Religion, ja die Menschen nicht mehr wiedererkennen. An ihnen wäre alles falsch, verlogen, aufs höchste furchtsam und aufs genaueste berechnend. Je reicher und mächtiger, desto mehr würden sie sich im Opfern hervortun. Am Ende würden sie reihenweise ihre Untergebenen ins Maul des Ungeheuers hineinzustopfen versuchen. Man hätte die nackten Sklavinnen und Sklaven schon vorgewürzt, um sie dem Monster noch schmackhafter zu machen. Soldaten hätten mit ihren Spießen nachgeschoben und mit ihren Schilden nachgedrückt.

Auf einmal hätte das Monster gehustet, das hätte sich angehört wie Donnern.

Und es hätte gehustet, sich aufgebäumt vor lauter Husten und hätte die abgebissenen Menschenköpfe und Gliedmaßen wieder in die Menge zurückgespuckt, es hätte nicht mehr aufgehört zu husten und zu spucken, hätte immer noch mehr sich vorgebeugt und Speichel und Blut auf die erstarrte Menge triefen lassen, dazu donnernd... Es wäre am Übermaß der Opfer erstickt.

„Es fürchten die Götter die Menschen.“ (Heiner Müller)

Der Todesträger oder Schmalzbrot in Jerusalem

Neben dem auf eine Pizza *Frutti di Mare* wartenden Gast saßen ein Mann fortgeschrittenen mittleren Alters und zwei etwa zwanzigjährige Geschwister, weiblichen und männlichen Geschlechts. Hauptsächlich redete der sich den Anschein des Erfolgreichen gebende Mann, dessen Haare sich im silbergrauen Borstenkurzschnitt dem Beschauer als ziemlich vollständig erhalten präsentierten. Die Rede kam auf einen Klosteraufenthalt des zwanzigjährigen Geschwisterpaars. Der auf die Pizza wartende Gast wartete zugleich auf das Bier, in das er sich trinkend, geschützt durch das aufs Glas gepresste Emblem der Biersorte, verbergen konnte. Denn er hörte, ohne abschalten zu können, jedes der am Nebentisch gesprochenen Worte mit. Es war ihm ganz und gar nicht möglich, abzuschalten oder sich wegzudenken oder an anderes zu denken.

Obwohl er nicht zu der Nebentischgemeinschaft gehörte, fühlte er sich trotzdem von dem Kreis der dort Sitzenden mitumschlossen. Er war nun am Vorabend zu Allerheiligen wirklich nicht darauf erpicht, auf jene halbnaiven katholischen Klostersommerfrischler und ihre faden Klostergeschichten zu stoßen; er hätte sich gern weggesetzt, aber dazu war es nun zu spät, die andern Tische waren sämtlich besetzt.

Der mittelalte, sportlich aussehende Mann redete in einem scheinbar familiären Ton, er war wortgewandt im landesüblichen Dialekt. Er hatte eine typische Chefsprache. Der die Pizza erwartende Nebengast tippte insgeheim auf Dentist oder Unfallchirurg, nebenhin auf Reserveoffizier. Der Silbermann war wirklich recht proper. Er insistierte auf der schon vorher ans Geschwisterpaar gestellten Frage, wo die Klosterschwestern denn hingingen. „Sie gehen doch täglich in den Garten, in dem sie einmal beerdigt werden?“, fragte er. Von der Seite betrachtet, konnte man eine satte Befriedigung des Fragers daraus ersehen, etwas, das man eine *trockene Befriedigung* hätte nennen können. Er sog am Stummel der Zigarette und formulierte die gleiche Frage anders. „Es ist doch wunderschön, wenn man in dem Garten begraben wird, in den man täglich gepilgert ist?“ Die Geschwister nickten mit dem Kopf, wie wahrscheinlich die dem Chef Unterstellten nicken würden. Bloß der Nebensitzende, inzwischen das Bier vorhaltend und schräg hinüberschauend, erfasste die Situation. Der Silberchef war ein Todesagent. Er hatte dafür zu sorgen, dass der Tod jeden charaktergemäß ereile. Ein kurzes Zudrücken mit eisernem Griff, ein Hineindrücken mit dem Gesicht in die Erde, ein Nachdrücken mit dem Stiefel. Es geschah ganz unvermerkt, so nebenhin.

Der Nebengast, der nun die bestellte Pizza, die über den Tellerrand hinausragte, vor sich ruhen hatte, war erstaunt, Zeuge davon zu sein, dass die Gründe von Naivität und mittelkleinstädtischer Biederkeit gar nicht so untief und abtuenswert sind, wie ursprünglich angenommen. Er meinte oft, über dieser Naivität zu stehen, sich über sie mit leichter Geste hinwegsetzen zu können. Aber wenn man ihr gegenübersaß, wusste man nicht, was erwidern. Denn es war einem dann ein Dentistenbohrer an die Stirn gesetzt, der dröhnte. Die Halogenlampe blendete ins Gesicht. Jede zuckende, wegruckende Bewegung würde sich als Schmerz bemerkbar machen. Überdies stank es nach zerfeilter, in feuchten Spänen wegfliegender Karies. Was wollte man also noch außer Gnade und baldigem Ende des Spektakels. Der Dentist mochte seelenruhig, das Patientenkinn im harten Griff, dahinreden, er mochte sogar dem Leidenden Gemeinheiten zumuten, der Leidende würde nicht aufmucken.

„Es ist doch ein Idyll, wenn die Klosterschwestern mit ihren Flügelhauben die für sie vorgesehenen Grabflächen liebevoll pflegen“, sagte er, der Erfolgreiche, „sie haben auch gar keine andere Aufgabe als das.“ Die junge Frau blickte etwas ratlos drein. „Sie haben keinen andern Wunsch zu haben, sie sind zu nichts anderem erzogen, als wie Efeu sich dem Tod entgegenzuranken“, sagte er hart. „Sie haben nichts anderes gelernt als das. Und es ist märchenhaft, dass es noch Menschen gibt, die in Unschuld aufwachsen und diese Unschuld bis ans Lebensende bewahren. Ihr Lebenstag fliegt nach einem Vormittag im Familienkreis, der Kindheit und Jugendblüte umhegte, schnell im nachmittäglichen Eilschritt dem verdämmernden Abend zu, indem sie dann als gereinigte, von den Schwestern Leichenwäscherinnen zu vollem balsamischen Duft gebrachte Wachspuppen der vorbestimmten Erde übergeben werden.“ Er sog an einer neuen Zigarette. Der Nebengast war immer mehr überrascht, wie sprachgewandt der Silberne war. Auffahrend vor Staunen hob er mit der Rechten das Messer etwas zu hoch. Das musste auffallen. Der etwas dümmlich dreinschauende Bursch blickte ihm durch Brillen, die vieleckig gerahmt waren, entgegen.

„So ein Urlaub ist ja wunderschön“, sagte der Silberne. „Aber der Satz, dass die Letzten die Ersten sein würden, stimmt nicht“, fügte er mit der kalten Dezidiertheit des Chefs hinzu. „Man muss von Anfang an zu den Ersten gehören, sonst gehört man zu den ins Hintertreffen Geratenen. Herr oder Knecht – es gibt kein Drittes. Die einen sind bestimmt zu herrschen, die andern, sich zu unterwerfen. Die Letzten werden niemals die Ersten sein, ganz bestimmt nicht.“ Er schüttelte stiernackig den Silberkopf und starrte rhetorisch in den Aschenbecher. Die junge Frau machte Anstalten zu einem Einwand, wurde aber, noch ehe sie den Mund auftun konnte, vom Silbernen auf ein anderes Thema – nämlich seine kürzlich unternommene Israelreise – gelenkt. Er sprach fast durchgängig von Israel als dem *Heiligen Land* wie eben Katholiken es tun, ob Antisemiten oder nicht. Der Panzer sei hinter ihnen dreingefahren, dass der Staub aufgewirbelt sei. Überall seien Schrapnells im Sand gelegen und Flügelhandgranaten. „Mit Flügerln“, sagte er in der landesüblichen Diminutivform und lachte. Es war ein hartes, trockenes Lachen. Als er auf diese militärischen Dinge zu sprechen kam, unterließ er nicht, das *R* ordentlich zu rollen. „Schrrrapnells“, „Grrranattn“. Dem Nebensitzenden, dessen Pizza auf ein Viertel geschrumpft war, kamen Tränen, es waren Tränen nicht aus irgendeinem mitfühlend Warmen im sogenannten Gemüt, sondern Tränen aus der Kälte des allmählichen Erkennens. Des allmählichen Erkennens seiner Machtlosigkeit dem Todesträger gegenüber. Er würde ihm nicht Widerstand leisten, genausowenig wie die beiden Jungen sich wehren konnten. Er würde trotz aller vorangegangenen Karl-Kraus-Lektüre feig Zustimmung signalisieren, vielleicht sogar noch in hündischer Ergebenheit ein Witzchen hineinplazieren, das der Silberne gönnerhaft durchschauen würde. Und auf diese Weise begann das Anheuern für den Großen Tod. Auf diese Weise wurden die Augen der Jünglinge getrübt, so wurden ihre Herzen herausgeschnitten, und der Silberne soff wie ein aztekischer Götze ihr Blut in sich hinein. So wurde man unversehens zum Komplizen des Todes, zum Angestellten des Weltvernichtungskonzerns. Die Haken fraßen sich ins dümmliche, fehlerzogene Fleisch.

Der Weinende weinte aus der ohnmächtigen Kälte des Erkennens. Er hielt sich selber oft für unmenschlich, für unfähig jeden spontanen Mitgefühls. In dieser Viertelstunde musste er sich eingestehen, dass es nur Selbstverhärtung aus Gründen der Mimikry war, dass er sich wie ein Schaf im Wolfspelz verbarg, aus dessen Reißverschlüssen das harmlose Vlies quoll. Als der Silberne schließlich sagte, *mitten in Jerusalem habe* es *Schmalzbrot* gegeben – so sei's auf der Tafel gestanden, in *altdeutscher Kreideschrift* – sprang der Nebensitzende, dessen Verschalung sich langsam geöffnet hatte, auf und rannte ins Klosett hinaus, wo er in Stößen heulte wie ein Hund, der zu menschlichen Erkenntnissen kam.

Nachdem er sich inmitten des stechenden Uringestanks beruhigt und mit kaltem Wasser die Tränen aus dem Gesicht gewaschen hatte, kamen ihm die drei, die der Ausgangsstiege zustrebten, entgegen, und obwohl der Silberne mit einer sportiven Jacke bekleidet war, die abwechselnd große schwarze und blaue Karos aufwies, dachte er jählings, dass dieser Mann in senfgelbe Pumphosen passe, dass er einen typischen Pumphosenschritt eingelegt habe, dass er so jederzeit eine SA-Uniform hätte tragen können. „Dass mir das nicht früher aufgefallen ist“, mit diesem Satz begann der Zeuge sich selbst aus der Verhangenheit des Abends zu rütteln, und er war, allein an den beiden Tischen nun Platz nehmend, vollständig im Kopf klar geworden und also zur Besinnung gekommen.

Toskanatrakt

Und die bewunderten Lehrer von einst, zu denen ich aufblickte und die in mich abgründig hineinblickten... Wie sie sich von Dämchen einrahmen lassen und mit Sätzen provozieren wie z.B. „AUSCHWITZ VERGESSEN!“ und sich noch schnell vom Bundeskanzler Doktor Schüssel eine Urkunde abholen, bevor sie sterben werden. Sich noch schnell einige Orden anheften lassen. Noch zwei-, dreimal den Opernball besuchen. Kurz im Gespräch sein für eine Bundespräsidentschafts-Kandidatur, nein, sie sind einfach zu unbekannt, zu unpopulär, zu unverständlich. Und wie sie in dem ganzen Geschwätz dann untersinken. Ganz einfach hinuntersinken. Wie das Geschwätz, dessen sie ausreichend und überausreichend gepflogen hatten, nun auch über sie hereinschlägt, eine ganze Weile schon, und wie sie einsehen, dass sie keine Bücher mehr schreiben werden, wie die Kraft ganz einfach nicht mehr reicht, noch ein Buch zu schreiben, ich meine, ein eigenständiges, unbeliebiges, einem großen Thema gewidmetes Buch. Wie aber auch ihre Memoiren niemand mehr lesen möchte, wie sie selber sich ja eingestehen müssen, keine Memoiren verfassen zu können, weil der Stoff des Erlebten nicht ausreicht, weil es nur das übliche Akademikerleben wäre.

Es geht ja auch so: in angenehmen Seidenstoffen dazusitzen, sich mit dem allerbesten Rasierwasser besprengt zu haben, mit der teuersten Füllfeder vor dem teuersten Papier dazusitzen und den Briefkopf mit dem eigenen Namen, versehen mit allen Sterbesakramenten, die ein umständlicher Titel spenden kann, zu betrachten. Man hat alles erreicht, sich zuletzt sogar in einem unwahrscheinlichen Coup auch noch die Lehrkanzel unter den Nagel gerissen, was keiner mehr glauben wollte, aber man war ja ein Virtuose der Beziehungen. Man wusste, seine Beziehungen zu nützen. Es hat sich also bezahlt gemacht.

Nun könnte man nachts, zur ganz unüblichen Zeit für einen, noch einmal zum Institut fahren, *man hat ja den Universalschlüssel für alles,* die Treppe hinaufsteigen, diese Marmortreppe, die am Anfang noch luftig und barock erschien, mit den Jahren aber immer beschwerlicher zu nehmen war (hier lässt sich kein Lift einbauen, das ist denkmalschützerisch ausgeschlossen)... Und man steigt auch schon hinauf. Alles ist hellerleuchtet. Drückt man auf einen dieser auch nachts glimmenden Schalter, ist sofort das ganze Stockwerk hellerleuchtet, der ganze Trakt ist hellerleuchtet, flammt geradezu auf vor lauter Helligkeit. Es wäre doch viel schöner, ein Diener empfinge einen mit einer Fackel oder mit einer Kerze. Aber so etwas kommt nur noch in Geschichten vor.

Und nun sperrst du also auf. Betrittst die Stätte deines jahrelangen Wirkens, Amtierens, siehst die Schreibtische der andern, öffnest die innere Türe, betrittst deine getäfelten Räumlichkeiten, klein sind sie, wie in einer Walnuss wohnst du, klein, aber fein. Du hast eigentlich hier niemals gewohnt. Hättest aber hier auch wohnen können, deine Macht war groß genug, dir eine Couch ins Büro stellen zu lassen – was heißt hier Büro, es ist *dein Reich*! –, und liest, dass berühmtere Kollegen von dir es so gemacht hätten. Ja, wäre man doch nur in einem billigen, baufälligen Haus, in irgendeinem Beton-Zweckbau, in dem in den Gängen noch große Aschenbecher stünden! Aber hier in dieser Perle des Barocks durfte man nicht einfach sich lagern. Fast zwanzig Jahre hattest du es genossen, in einem barocken Repräsentationsbau zu amtieren, du warst ja auch ein Morgenmensch gewesen, warst immer der erste, der sein Auto am Morgen hier geparkt hatte.

Wie kannten dich die Leute schlecht! Die Morgenstunde war deine stärkste Zeit. Nach allen Regeln hättest du ja ein Nachtarbeiter sein müssen, du hattest dir auch jene Themen gewählt, die sonst als Themen der Nachtarbeiter gelten, die Bücher, mit denen du zu tun hattest, waren von Nachtarbeitern, von Nachtmenschen geschrieben worden. Hattest dir die Nachmittage, Abende, Nächte für anderes freigehalten. Wolltest keine Verlotterung einreißen lassen. Du nutztest lieber die Vormittage, ab Mittag war Schluss.

Du fühltest dich als Spitzenbeamter, du *warst* ja ein Spitzenbeamter, bist es ja noch. Hast die oberste Gehaltsstufe erklommen. Und seit zwanzig Jahren verkehrtest du ja nur mehr in den höheren und höchsten Kreisen, schautest dir von denen das stilvolle Leben ab. Und es war eben schlicht kein Stil, in die Nachmittage, Abende, Nächte hineinzustudieren, dann womöglich den Vormittag zu schlafen. Wie hattest du die andern Kollegen verachtet, später milde belächelt, als du hörtest, sie würden sich sogar aufs Klo mit einem Buch zurückziehen, du fandest das zu Recht unappetitlich. Nie fragtest du dich: Wie hat Sartre gearbeitet? Wie hat Foucault gearbeitet? Welche Routinen hatte Luhmann sich auferlegt? Wie hielt es Voegelin damit? Machte Blumenberg schon mittags Schluss?

Nur Horkheimer hattest du als junger aufstrebender Student besucht, mit einer Gruppe ausgewählter Studenten, als Doktorand hattest du einmal die Chance, Horkheimer privat anzutreffen, den alten, depressiven Horkheimer, der sich wie ein ins 20. Jahrhundert verschlagener Schopenhauer vorgekommen war und der die Nacht zum Tag, den Tag zur Nacht gemacht hatte, Horkheimer, der nun ja wirklich ein Großbürger war im Gegensatz zu dir, der du immer nur die andern einschüchtertest mit deinem angeblichen Großbürgertum. Und dieser Horkheimer war nicht mehr auf der Höhe. Er befand sich zwar momentan auf der Höhe seines Ruhms, die Studenten in ganz Deutschland erwarteten etwas Entscheidendes, Parteiergreifendes von ihm, aber in was für einem bitteren Gegensatz stand dazu das Bild, das sich dir damals von einem der Berühmtesten der Berühmten darbot!

Was war das für ein Mensch! Er hatte etwas Komisches, dabei sagte er Tieftrauriges, ja Verzweifeltes. Im Gegensatz zu Adorno, der sprechen konnte wie ein Buch – aus Adorno sprach es wie aus einem Buch, dabei war Adorno immer *anwesend* (hätte nicht auch Hegel so sprechen können?) – , wirkte Horkheimer damals wie ein alter Schauspieler. Das Deckenlicht verbreitete eine nebelhafte Atmosphäre, zusätzlich war alles mit Tabakrauch eingenebelt gewesen. Der Mann hatte keine Antiquitäten. Große Polstermöbel, ein flacher glatter Tisch mit Aschenbechern. Jalousien statt Vorhänge. Einige alte Schopenhauer-Bände, mehrere Exemplare der *Dialektik der Aufklärung*. Du hattest das Gefühl, dass dieser Mann mit dem Leben abgeschlossen hätte. Dass der zwar von seinem Ruhm andauernd hören musste, aber selbst – vor sich selbst – kein Repräsentant dieses Ruhms mehr war.

Du dachtest damals richtig, dass alles viel einfacher ist, als es erscheint; zugleich, dass also alles noch viel komplizierter ist, als es erscheint.

Horkheimer las hauptsächlich Zeitungen. Zeitungen aus aller Welt. Ein Zeitungsblatt lag schräg auf dem Tisch, das diagonal durchgeschnitten worden war. Du wolltest herausfinden, was Horkheimer veranlasst hatte, diese Seite diagonal durchzuschneiden. Es war die Seite aus einer spanischen Zeitung. Du konntest kein Spanisch. Aber so viel war klar: es stand nichts Bedeutendes, nichts Weltbedrohliches auf dieser Seite. Eine ganz gewöhnliche Seite aus einer spanischen Tageszeitung hatte Horkheimer einfach so durchgeschnitten. So weit war es also gekommen. So stand es um den großen alten Mann, von dem sich die deutschsprachigen Studenten so viel erwartet hatten. Dabei sprach Horkheimer noch immer berückend. Er war zweifellos einer der größten Soziologen seiner Zeit gewesen. Du hattest ihm aber damals nicht folgen können, nicht folgen wollen. Du dachtest immer nur: ‚Der ist kein Vorbild. Der ist kein Vorbild. Der ist kein Vorbild.' Dachtest mehrere hundert Mal diesen Satz, so niederschmetternd es für dich ist, daran erinnert zu werden. Du würdest zwar noch jahrzehntelang damit angeben, Horkheimer persönlich getroffen zu haben, so wie du damit prahltest, Jean Améry „gekannt" zu haben, aber immerzu tickte in dir das kleinbürgerliche Gewissen: ‚So nicht! So nicht! So nicht!'

Also hast du dich dann mehr an die heimischen Wurstmaschinenfabrikanten und Cafetiers gehalten. Dich hat der Luxus verblendet. Oberflächlich zu sein, dazu riet ja auch schon Nietzsche. Du hattest dir nie die Mühe gemacht, dir zu vergegenwärtigen, wie Nietzsche gelebt, wie und ob er seinen Tag eingeteilt hatte. Glaubtest lange Zeit, Nietzsche hätte im Luxus gelebt und wäre in den vornehmsten Berghotels in der Schweiz abgestiegen. Einmal warst du ja selbst in Sils-Maria und gingst mit ein paar herablassenden Bemerkungen an dem kleinen Häuschen vorbei, in dem Nietzsche einige seiner größten Sachen schrieb.

Du wolltest kein Wallfahrer sein. Hattest zwar jahrelang dieser Wallfahrt entgegengefiebert, als es aber so weit war, unternahmst du die Reise zu den Orten, in denen Nietzsche geweilt hatte, ganz an Nietzsche vorbei. Das lag vielleicht auch an deinem Begleiter, der gerade einen Lehrstuhl an einer Privatuniversität bekommen hatte. Ihr beiden standet damals, wie man so sagt, in der Fülle eurer Jahre. War nicht Nietzsche längst vergangen? Waren die Lebensbedingungen, die Ansprüche an das Leben heute nicht andere? Und hattet ihr euch nicht schon seit längerem damit abgefunden gehabt, keine Genies zu sein?

Einerseits wart ihr überheblich, andererseits bescheiden. Ihr wart überheblich, als euch der karge Lebensstil Nietzsches schockartig ansprang (und wieder tickte es in dir: ‚So nicht. So nicht. So nicht.'). Andererseits wie gesagt bescheiden. Ihr hattet euch mit euch abgefunden, mit eurem So-Sein, mit eurem erfolgreichen So-Sein.

Dein schnauzbärtiger Begleiter meinte (mit Blick auf das Nietzsche-Haus, das ihr beide nicht betratet): „Rein äußerlich, karrieremäßig, habe ich es viel weiter gebracht als dieser ‚Narr, nur Dichter!‘.“

Und *du* setztest dann noch hinzu: „Außerdem war Nietzsche ein Unglück.“

Dein Begleiter blickte dich aufmerksam an, blieb mitten am Weg stehen, wie es die Schweizer gerne machen, wenn sie misstrauisch werden.

„Ich meine für Europa.“ Das war jetzt sehr kläglich herausgekommen. „Ich meine für – die Welt.“ Am allerkläglichsten.

Der Spaziergang wurde fortgesetzt. Ihr redetet über Sportautos, Luxushotels, Golf, über das Kettenrauchen, über eure Ehefrauen, über eure Scheidungsprozesse, die jeweils euch bevorstanden, über Huren, über Frauenschönheit und schließlich, als ihr euch schon angetrunken gehabt hattet, über euren Ekel vor Frauen.

Eine Freundschaft war euch daraus erwachsen. Eine Männerfreundschaft. Ihr hattet beschlossen, einander zu nützen.

Irgendwie verfielst du damals, Mitte deiner vierziger Jahre. Das Feuer war weg. Du hattest viel gearbeitet gehabt, gleich mehrere Bücher hintereinander geschrieben, aber bei allen fehlte der letzte Schliff. Es war so seltsam: Hättest du zu diesem letzten Schliff angesetzt, deine Bücher wären sogar bedeutend geworden. Manchmal freute dich das Arbeiten nicht. Du nanntest es ohnedies „die Ochsentour“. Oder „die Büffelei“. Oder „Galeere“. Wenn du vormittags an deinem Schreibtisch Platz genommen hattest und dich jemand privat anrief, sagtest du: „Ich bin im Dienst“ und legtest auf.

Trotzdem hattest du auf deinem Schreibtisch Bücher von Pasolini liegen. Oder von Genet. Hattest die blauen Bände der Marx-Engels-Werke abgeräumt, als es nicht mehr Mode war, und durch Knigge und Sade und Bataille ersetzt. Schade, die blauen Bände hatten sich als Hintergrund ganz gut gemacht.

Du warst doch ein Verächter der schöngeistigen Literatur. Als einer deiner Zöglinge begann, dir gegenüber von Thomas Mann zu schwärmen und eine Stunde lang seiner Bewunderung für den *Zauberberg* zum Ausdruck brachte, hättest du ihm am liebsten auf die Finger geschlagen, mit voller Wucht. Oder ihm in den Bauch geboxt, dem kleinen Bildungsbürgerchen.

Hegel ließest du gelten, gleich mehrere Hegel-Ausgaben stehen hier. Die Bände der Jubiläumsausgabe, die Suhrkamp-Bände, einzelne ältere Bände. Und einige Meter Ernst Jünger. In Blau, in Weinrot, in Leder. Eine Hamann-Ausgabe. Nichts von Schelling, diesem Schwärmer. Rousseau hast du mit einem schäbigen Plastiktischtuch abgedeckt.

Adorno in Kassette – unberührt. Lauter vollständige Ausgaben. Benjamin, Bloch, Simmel, Luhmann, immer gleich im Schuber. Niemals mehr angerührt. Gerade noch die Folie heruntergissen und auf die Regale gestellt. Die Einzelausgaben mit deinen eigenen Unterstreichungen von früher an Studenten verschenkt. Wie oft hattest du ein Buch nur angelesen, immer nur einige Seiten in der Einleitung, stets mit dem Lineal unterstrichen, dann plötzlich die Prozedur abgebrochen. Oder mittendrin ein einziges isoliertes Zitat angestrichen, zwecks Einbau in deine eigenen Texte. Eine komplette Reihe sämtlicher Jahrgänge des *kursbuches* weggeschmissen. Habermas *Theorie des kommunikativen Handelns* steht verkehrtrum da. Mit voller Absicht. Es gibt keinen „herrschaftsfreien Diskurs“. Was glauben diese Studentchen-Entchen, wer sie sind?

Bücher mit persönlichen Widmungen hast du freilich in großer Menge auf einem eigenen Tisch ausgelegt. Rolf Hochhuth hat dir was gewidmet, Hans Magnus Enzensberger, Eric Hobsbawm, Richard von Weizsäcker,

Heiner Müller hatte kurz vor seinem Tod bloß „Müller" reingeschrieben und ein Blümchen hineingezeichnet.

Auf deinem Schreibtisch stapeln sich Briefe. Hauptsächlich Absagen. Tut uns leid, können aus diesen und jenen Gründen am Symposion nicht teilnehmen. Schwiegermutter gestorben, Enkelsohn geboren, schwere Erkrankung der Frau, Hund hat sich Pfote eingequetscht, muss tierärztlich versorgt werden... „Habe mir vorgestern im Bad das Auge ausgestochen, bin mit der Schere ausgerutscht", schrieb ein Berliner Philosophieprofessor.

Und, bedrohlicher, Briefe von Weltberühmten: „Fuck off!", „Leck mich am Arsch!", „Blender!", „Möchtest dich wohl mit unseren Federn schmücken, kleiner Scheißer aus der Provinz!". Das kommt davon, wenn man Künstler einlädt und keine fürstlichen Honorare zahlen kann.

Dann Briefe, Postkarten und E-Mails von ehemaligen Studenten. Sehr oft bringen sie ihre Enttäuschung zum Ausdruck. Sie werden neuerdings *vorsortiert*, wandern in den Papierkorb, ungeöffnet, gewisse Mail-Adressen werden gesperrt. „Verräter!", „Vergewaltiger!", „Plagiator!" hat es da schon getönt. Eigentlich könntest du prozessieren, doch du lässt dich darauf nicht ein. Nur keinen Staub aufwirbeln, nur nicht ins Gerede kommen. Sie könnten sich ja auf einmal alle gegen dich zusammenschließen, und dann käme es vielleicht noch dick. Aber du warst schon immer hart im Nehmen. Ein harter Abservierer. Der ehemalige Boxer in dir, der Spieler in dir, der Hasardeur in dir, der Nihilist in dir, der Bourgeois in dir, das Metronom in dir, das in einem fort sagt: ‚So nicht! So nicht!'

„Verkappt-schwuler Knicker, Knicker-Boxer!" hat dich einmal einer genannt. „Alter ranziger Knacker, alter Knackwurst-Kacker!" Das war sogar lustig. Aber so geht man nicht mit einem Spitzenbeamten um. ‚So nicht! So nicht. Nein, so wirklich nicht. So schon gar nicht. So kommen sie mir nicht! So nicht.'

Am liebsten sind dir noch die Einladungen der Burschenschaften. Du hast dir einen Ruf als Liberaler, als Linksliberaler, als großer Toleranter aufgebaut, und dann das! Aber die Burschenschaftler sind das dankbarste Publikum. Denen kannst du noch etwas erzählen. Da gibt es manchmal noch treuherzige, verschreckte Augen, über einem zarten Ansatz von Bartflaum, in die kannst du hineingraben wie der Totengräber mit der Schaufel, und deinen Ekel vor den Frauen hineinträufeln. Denen kannst du einreden, die Nazis hätten seinerzeit einen „funktionierenden Sozialstaat" errichtet. Und sie heben die Biergläser und trinken dir zu. Du weißt selbst, dass das zum Kotzen ist, was du sagst. Aber du schätzt diese dumpfe Heimeligkeit, wo es endlich frei aus dir heraus sprechen kann. Wie Leute, wenn sie übermüdet sind, sich gehen lassen und unbekümmert drauflos furzen. Da lässt du dann also deinen unbeschnittenen Nazi heraushängen.

Du steigerst dich hinein: „Zwei Drittel der Studenten gehören ausgeschieden, gehören an hartes Arbeiten gewöhnt. Die Frauen sollen zurück an den Herd oder in die ‚öffentlichen Häuser'." Und ein ganzer Wald von klirrenden Biergläsern erhebt sich vor dir. Du schimpfst über die Juden. Du lästerst über Thomas Bernhard und Elfriede Jelinek, nennst letztere eine „frigide Hexe". Die Anwesenden klopfen zustimmend auf den Tisch.

Jetzt erlebst du von innen, wie der Nationalsozialismus entstanden ist. Es geht ganz einfach. Man wird ganz einfach Nazi, indem man sich gehen lässt. Der reichlich gespendete Beifall gibt einem ein sicheres Geleit. Man braucht nur mehr noch zu reden, zu schreien, stur dreinzublicken und auf den Beifall zu warten, der auch sogleich kommt. Nur mehr *beifallgeleitet* reden, gar nichts mehr denken. Es kommt von selbst. Es spricht von selbst. Nichts ist leichter, als den Leuten zu gefallen. Nichts ist leichter, als an die Macht zu kommen. Dabei *bist* du kein Nazi. „Ich und ein Nazi – das wäre ja noch das Schönere!"

Aber schon hältst du Vorlesungen, in denen du sagst: „Den Nationalsozialismus muss man differenzierter sehen. Der Nationalsozialismus hat auch seine positiven Seiten gehabt. Es ist nicht mehr möglich, der Bücherflut über diese Epoche zu steuern. Es erscheinen jedes Jahr hunderte überflüssige Bücher zum Thema Nazizeit." So sprichst du bereits und hast auch schon die Unvorsichtigkeit begangen, das in Gestalt eines von dir verfassten Skriptums zu verkaufen. Die Historiker schütteln über dich nur mehr ihre Köpfe. Andauernd bezeichnest du dich als „links", als „letzten Linken" und gerätst immer mehr in das rechte, ja rechtsradikale Fahrwasser.

Du hast nun in deinem Institut – es ist nach Mitternacht – Platz genommen und stützt deinen Kopf auf den Händen auf. Dir brummt der Schädel. Du hast gesoffen und dir brummt der Schädel wie schon lange nicht. Du öffnest die Lade, holst Schlaftabletten heraus, legst sie wieder zurück, versperrst die Lade und wirfst den Schlüssel aus dem Fenster in weitem Bogen hinaus. ‚So nicht. So nicht. So nicht.'

Eine leere Sektflasche steht neben dir, sie stinkt, du schleuderst sie mit einem Tritt beiseite, sie prallt von der Wand ab, unzerbrochen, rollt auf dem Parkettboden in den Raum zurück. ‚So nicht. So nicht.'

Du willst sie in den Papierkorb werfen, geht das auch nicht, ein Kinderkopf mit dichtem schwarzen Haar liegt darin, das Gesicht nach unten. Angeekelt wankst du zum Schreibtisch zurück. Golden und silbern umrahmte Einladungen mit eingeprägten Wappen. Hochadel. Du zerreißt diese zwei Einladungen schließlich, brauchst sogar Kraft dazu, so schwach bist du geworden. Beinahe hättest du sie quer durchgeschnitten, wäre nicht die Schere in der nunmehr versperrten Schublade gewesen. Die Schere! Es dämmert dir. ‚So nicht. So nicht.'

Horkheimer grinst dich maliziös an, von einer unwahrscheinlichen Liebenswürdigkeit ist er nun. „Ich leihe Ihnen gerne meine Schere, Herr Kollege!“ Und schon steht er – wer hätte das gedacht? – *schwungvoll* auf in seinem riesigen maßgeschneiderten Anzug, geht ins Nebenzimmer und kommt mit einer gleichfalls riesigen Schere zurück.

Wie ein tausendjähriger Geißbock blickt dich nun *Schopenhauer* an – er ergreift von Horkheimers Gesicht Besitz, durchdringt es bis zur Kongruenz –, wie ein tausendjähriger Spiegelkarpfen steht er nun, die Flossen spielerisch kräuselnd, vor dir als dem ewigen Fischer... Schopenhauer, die wahre Eminenz der Philosophie, die leuchtende Eminenz der Philosophie, keine graue Eminenz wie du. Und Schopenhauer ist viel gefährlicher, als du gedacht hattest. Er wird gleich einen Korkenzieher aus seiner Westentasche holen und zu dir sagen: „Jetzt hab' ich dich, du Flasche!“ Schon hat er es gesagt.

„Bierwirtsphysiognomie, Professorenphilosoph, Hegel war ein Gott gegen dich! Ein Spulwurm ist ein chinesischer Glücksdrache im Vergleich zu dir! Du nichtiger Wicht!“

Schopenhauer fasst dich an deinem Sakko und zieht dich zu sich hin. Und dann fallen die abscheulichen Worte: „Ich liebe dich! Ich liebe dich, Freundchen! Hehe, wie ich dich liebe! Du weißt gar nicht, wie ich dich liebe, hehe, du goldiges *Exemplar*! So nicht! So nicht! So nicht!“ Nun sagt das auf einmal jemand laut zu dir, meint *dich* damit.

Du stützt deinen Kopf auf, streckst deine Hände dabei, du birgst deinen Kopf wie um Rat zu suchen in diesen Händen. Du stehst auf, hältst deinen Kopf nun unter die Wasserleitung, lässt kaltes Wasser auf ihn herabrinnen, es rinnt dir in den Kragen. Du stöhnst auf unter diesem Wasserstrahl, denkst noch kurz an deinen ehemaligen Schulbank-Nachbarn, der sich vor zwanzig Jahren über dem Waschbecken mit einer doppelläufigen Flinte erschossen hatte. ‚Du nicht. Du nicht.‘ Die Fülle des Haars ist dir geblieben. Wenn dir etwas geblieben ist, dann diese lausbubenhafte Fülle des Haars.

Du suchst nach einem Handtuch, es ist noch keines da. Du kommst am Papierkorb vorbei, blickst ängstlich hinein, der Kinderkopf ist weg. Du spürst endlich wieder deinen Kopf. Es war dein Kopf, der da in den Papierkorb gewandert sein musste, du warst ja die längste Zeit schon kopflos gewesen. Nun sitzt er dir wieder im Nacken.

Mit nassen Haaren erwartest du das Ende dieser Nacht. Du kratzt mit dem Schlüssel dir nicht verständliche Zeichen in die Schreibtischplatte, wie als Schüler. Du wirfst die Bücher mit den Widmungen der Reihe nach in den Hof hinunter und zählst dabei mit. Du stehst am Fenster, und alles ist noch dunkel. Nach und nach wird es heller, die Bücher liegen wirklich unten. Der Hauswart klaubt sie zusammen, schüttelt seinen Kopf, schlägt die Bücher kurz auf, dann nimmt er den ganzen Stapel und wirft ihn in die Mülltonne.

Ich hatte mich vorhin verschrieben: „Du wirfst die Bücher mit den Widmungen der Reihe nach in den *Kopf* hinunter und zählst dabei mit." Dieser Verschreiber reizt mich sehr zum Lachen.

Treue

In einer einzigen Gedichtstrophe des Novalis ist die ganze Philosophie der Werte enthalten:

> Wenn alle untreu werden,
> So bleib' doch ich dir treu,
> Damit doch Treu auf Erden
> Nicht ausgestorben sei.

Wer die Problematik der philosophischen Wertlehre kennt, wird sich nur darüber wundern können, mit welch einfachen Mitteln hier etwas ausgesagt wird, was ansonsten leicht tausend Seiten füllen müsste. In diese Strophe kann man sich vertiefen wie in ein Mantra, an ihr stimmt alles. Dass es zum Beispiel nicht etwa vertröstend heißt: „So bleib' ich dir doch treu", sondern „So bleib' doch *ich* dir treu", ist ein Beweis für die Durchdachtheit der Intuition. Genau so muss es heißen. Ich verbürge mich für den Wert meiner Treue, sogar Stolz liegt darin, aber nicht zu sehr. Und in nichts anderem ist Treue fundiert als in diesem Sich-Verbürgen. Verbürgte sich niemand für sie, sie wäre „ausgestorben". Aber selbst wenn sie „ausgestorben" wäre, könnte sie wieder zum Leben erweckt werden durch ein ähnlich oder von neuem sich verbürgendes Ich. Die Treue ist nichtsdestotrotz auch in diesem Gedicht so etwas wie die platonische Idee eines Wertes, aber sie muss aktualisiert werden, wird uns nicht von oben eingegossen. Und es klingt die vorwegnehmende Traurigkeit mit, dass die „Treu auf Erden" auch gänzlich aussterben könnte eines Tages. Oder dass außer seiner (des Dichters) aktuellen Treue sonst keine „Treu auf Erden" mehr zu finden wäre. Oder, vielleicht, dass wenn ich ohne Treue lebe, auch nicht mehr empfänglich für die Wahrnehmung und Wertschätzung von Treue bin, dass dann die Treue „ausgestorben" ist, wenn ich sie aussterben lasse.

Keine Philosophie kann diese Strophe des Dichters überholen, und die Philosophen müssen sich sehr fleißig bemühen, dass sie auf hunderten Seiten etwa auf gleiche Höhe mit ihr zu stehen kämen. Und doch bleibt der Vorzug der Dichtung, dass sie es mit einem Satz schafft, was der Philosoph erhinken muss. Jene Strophe von Novalis ist philosophisch so vollkommen, dass auf ihrer Grundlage eine Philosophie der Werte formuliert werden könnte, die alle – ansonsten widerstreitenden – Richtungen der Wertlehre gleichermaßen zufriedenstellen würde. Denn sie enthält Autonomie, sie enthält zugleich den noch platonischen Wert, der aber „ausstürbe", würde man ihn nicht aktualisieren, und jeder muss ihn von neuem aktualisieren, dass er nicht „ausstirbt", dass also die Erde um ihn nicht wüst und leer werde. Subjektives wie objektives Moment der Wertlehre halten sich in dieser vollkommenen Strophe die Waage. Und sie enthält – als Wichtigstes – den Andern, das Du als Adressaten der Treue, als den, der der Treue würdig ist. Sie bedient alle philosophischen Richtungen gleichermaßen, doch nicht als schaler Kompromiss, sondern adhortativ: sie erzeugt selbst schon den Wert, sie ermutigt zur Treue. Und es bleibt kein Eindruck von Kitsch zurück.

Der Hass auf Werte ist zumeist ein spontaner Protest gegen die Verkitschung des Wertes, gegen die Verkitschung des Lebens durch den Wert. Ist man hier nicht genau und gefühlvoll, ist alles damit auf lange Zeit verdorben.

Nur selten lebt ein systematischer Ethiker nach seiner Ethik; meist ist er ein Giftzwerg seiner Ethik dann. Die nun wirklich materiale Ethik des Lebens tritt eher spontan zutage und begründet sich, wenn überhaupt, nur unvollkommen und unvollständig. Manche – die Besten – haben die philosophische Begründung ihrer Ethik erst nachgeliefert, nachdem sie jahrelang in ihr schon gelebt hatten, wie etwa Albert Schweitzer. Dessen philosophische Schriften werden nur von seinen Verehrern, nicht aber von der Fachwelt zur Kenntnis genommen. Was ist anderes aber auch zu erwarten, wenn man im Fach Ethik Karriere zu machen gedenkt?

Einen Augenblick nur schwebt eine zerbrechliche Seifenblase dahin, ein Kichern aus einem Fenster ist zu hören, sie schwebt noch und wird vielleicht „Treue“ genannt, aber es tut ihr keinen Eintrag, zerbrechlich und vergänglich zu sein. So stelle ich mir Leibnizens „fensterlose Monaden“ vor... Aber oft, wenn ich eine Seifenblase betrachte, will es mir scheinen, sie hätte ein kleines Fensterchen. Und die „prästabilierte Harmonie“ ist die ihr bis zu ihrem Zerplatzen gewährte Frist.

Der einzige Fußsteig?

Kants wunderbares Wort in der *Kritik der reinen Vernunft* über die Suche des Philosophen: die dauert „so lange, bis der einzige, sehr durch Sinnlichkeit verwachsene Fußsteig entdeckt wird“. Es wird gesagt, in Kants Leben hätte sich äußerlich wenig ereignet; ich glaube das nicht. Kant hat sich uns verhüllt, um sich desto mehr in seiner Philosophie zu offenbaren. Schopenhauer nennt Kant einen „der Natur nur einmal gelungenen großen Geist, der seine eigenen Tiefen beleuchtet hat“. Diesem Wort korrespondiert die Feststellung des Königsbergers: „Die reine Vernunft ist in der Tat mit nichts als sich selbst beschäftigt.“ Kant hatte die *Kritik der reinen Vernunft* als das Produkt des Nachdenkens von wenigstens zwölf Jahren letztlich innerhalb von etwa vier bis fünf Monaten, gleichsam im Fluge, niedergeschrieben. Vielleicht hatte Kant sich so weit disziplinieren gelernt, dass er die Halbgedanken, Halbgefühle, dass er alle diese spitzen Steine und Scherben wegzulassen vermochte; vielleicht ist das ein Schlüssel zum Verständnis der großen Philosophen, das was sie von den gewöhnlichen Menschen mit viel Zeit unterscheidet.

Geschichtsschreibung des Datenlosen

„Dichtung ist – und dies vielleicht in erster Linie – Geschichtsschreibung […]. Aber nicht etwa eine historische der Daten, der manifesten Ereignisse und Geschehnisse. *Dichtung ist Geschichtsschreibung des Datenlosen*, ist Aufzeichnung und Aussage über die unsichtbaren Ereignisse und Geschehnisse, jener Ereignisse, die vom Ursprung her wirken, die im dichterischen Wort gegenwärtig werden und dann in sozialen, politischen und wissenschaftlichen Tatsachen zu greifbarer Auswirkung gelangen. Dass Dichtung Geschichtsschreibung des Datenlosen ist, also dessen, was, wären die Dichter nicht, ungreifbares Ereignis bliebe, dafür sind die großen unter ihnen sichtbares Beispiel. In den Werken Homers, einer Sappho, Vergils, der Troubadours, Dantes, Shakespeares, Goethes, Hölderlins, Mallarmés, nehmen jeweils neue Wirklichkeiten Gestalt an, deren Wirkung nicht verblasste, da die entscheidenden, die ungreifbaren Ereignisse in ihnen sichtbar wurden." (Jean Gebser, *Ursprung und Gegenwart*)

Winckelmann

„Wir kehren jeden Stein um", schreibt der Begründer der klassischen Archäologie. In der Tat: Winckelmann kehrt *tatsächlich* jeden Stein um, und deshalb ist seine Melancholie eine beherrschte, klare, keine verquollene und resignierte. Unter der *Form* ist Leidenschaft.

Die schweren, dunklen Tore der Schuld müssen geöffnet werden, damit man in das Pantheon der Seele komme. Unsere Seele starrt im Staub der Jahrhunderte. Wie der Schatten eines Scherengitters fällt der Schatten gestriger Normierungen auf sie. Dieser Schatten betrifft sie nur oberflächlich. Verschlingend und gebärend ist sie ein anderer Mund der Wahrheit, der echte. Ein freies, unendliches Fließen der Linien: auf diese Weise hat Winckelmann die ewige Jugendlichkeit der antiken Skulpturen charakterisiert. Das Begehren schöner Körper hatte ihn auf die Reise nach Rom geschickt. „Wollust" ist bei ihm eine vorwiegend positive, belebende Kategorie; der Wust der alten kirchlichen Moral ist bei ihm, dem Klassizisten, abgetan. Kein moralisierender psychologischer Wildwuchs, kein niedriges Unkraut; hier ist die Seele für Größeres freigeharkt. Obwohl sich der neueren

Kunst mit der beinahe stupiden Frage: „Was aber würde das Altertum sagen?“ verschließend*, ist Winckelmann dennoch ein Pionier gewesen. Erstaunlich, wie dieser Schustersohn aus Stendal das Kleinliche abzuwerfen vermochte, was später selbst Nietzsche nicht recht gelingen sollte. Winckelmann zog die Anschauung am Objekt der Büchergelehrsamkeit der bloßen „Skribenten“ vor. Das moderne Europa hat gierig das Andere ferner Zeiten und Kulturen absorbiert: zuerst die Antike, dann Indien, schließlich die Exoten. Immer wieder wurde eine andere Wissenschaft zur sogenannten „Leitwissenschaft“. Kennzeichen einer Epoche, die selber unfruchtbar zu sein scheint. Die Skulpturen der Alten sind nach Winckelmann von den Künstlern gleichsam eklektisch (obzwar annähernd vollkommen) synthetisiert worden: in der Natur kommt solche Vollkommenheit ja nicht oder nur in den allerseltensten Fällen vor; trotzdem ist die Natur, in den Gegenden unter dem günstigsten Himmel, also bei den Griechen, bei der Findung jenes Ideals (zur Plastik gestalteter „unkörperlicher Schönheiten“) maßgeblich. „Der Geist vernünftig denkender Wesen hat eine eingepflanzte Neigung und Begierde, sich über die Materie in die geistige Sphäre der Begriffe zu erheben, und dessen wahre Zufriedenheit ist die Hervorbringung neuer und verfeinerter Ideen. Die großen Künstler der Griechen, die sich gleichsam als neue Schöpfer anzusehen hatten, wenngleich sie weniger für den Verstand als für die Sinne arbeiteten, suchten den harten Gegenstand der Materie zu überwinden, und wenn es möglich gewesen wäre, dieselbe zu be-

* Eine Ausnahme von diesem Verdikt bildet freilich sein enger Freund, der klassizistische Maler und Kunsttheoretiker Anton Raphael Mengs (1728–1779), dem Winckelmann auch seine *Geschichte der Kunst des Altertums* gewidmet hatte, den er in diesem Werk den „größten Künstler seiner und vielleicht auch der folgenden Zeit“, „den deutschen Raffel in Rom“ zu nennen sich untersteht. Freundesliebe eines Genies bedeutet mitunter Erhebung in den Sternenhimmel durch dieses.

geistern: dieses ihr edles Bestreben auch in früheren Zeiten der Kunst gab Gelegenheit zu der Fabel von Pygmalions Statue. Denn durch ihre Hände wurden die Gegenstände heiliger Verehrung hervorgebracht, welche, um Ehrfurcht zu erwecken, Bilder von höheren Naturen zu sein scheinen mussten." Das weist auf die Modeschöpfer der Zukunft und die kosmetische, plastische Chirurgie, ja auf die Genetik voraus. Kultur erscheint somit als bewusste *Tat*, nicht wie bloße Natur als *Geschenk*.

Das Winckelmannsche Ideal: der beherrschte Affekt (psychologisch), die Darstellung „unkörperlicher Schönheiten" (ästhetisch), die Freiheit (politisch). „Erhaben" bedeutet bei Winckelmann, wie sich bei dessen Huldigung der Apollo-Statue erweist: „über die Menschheit erhaben". Seine Altertümer-Verehrung ist *Idolatrie*. An der Idolatrie klebt immer auch der Illuisionismus. Es geht immer noch um *Menschen* – das droht bei der Abgötterei in Vergessenheit zu geraten. Haben wir einmal ein ästhetisches Menschenideal, dann kanzeln wir auch schon die von diesem abweichenden realen Menschen mehr oder minder ab. Bei Winckelmann zeigt sich das bereits deutlich, in seiner Behandlung der andern Rassen, die er als *Missformen* ansieht. Diese vom griechischen Ideal abweichenden Völker seien, „um mich eines Gedankens eines neuern Dichters zu bedienen, von dem Ebenbilde ihres Schöpfers halb verstellt". Schelling wird später z.B. von den „bloß äußerlich menschenartigen Geschlechtern des südlichen Amerika" sprechen. „Bildung" bedeutet bei Winckelmann auch Bildung des Gesichts, Bildung des Körpers (morphé). Das Ideal wird zwar so gut wie nie von der unvollkommenen Natur erreicht, aber in den schönsten Plastiken der Griechen werde es sichtbar. Das „deutsche Verhängnis" sitzt tief und hat eine lange Vorgeschichte. Ein Kennzeichen der Idolatrie ist auch ihre Bewegungslosigkeit; sie gibt sich zwar bewegt, ist aber bewegungslos. Das Bilderverbot

– im Gegensatz zur Idolatrie – gewährleistet auch, dass der Mensch eine Unendlichkeit bleibe, die sich nicht ein für allemal bestimmen lässt, ja dass es nicht *den* Menschen als „Typus" gibt, sondern immer nur *die* (individuellen) Menschen.

Gerade die auf Werke der bildenden Kunst gerichtete Ästhetik ist naturgemäß immer irgendwie idolatrisch; die Idolatrie sollte unter die optischen Täuschungen der Metaphysik gezählt werden. Der Optizismus als solcher täuscht.

Das Versprechen des Selbstgenusses – Notiz zur Essay-Kunst

Es schadet dem Essay keineswegs, wenn er sich als detailverliebt, ja detailbesessen erweist. Essays dürfen dicht geschrieben sein. Wieder einmal davon überzeugt haben mich z.B. neulich jene dichten historischen Essays von Paul Wiegler (1878–1949), diesem ausgesprochenen Gourmet, die unter dem Titel *Figuren* am Vorabend des ersten Weltkrieges 1914 erschienen sind. Auch Winckelmann oder Schopenhauer zählen auf (dieser zitiert sogar aus Tageszeitungen, Kriminalfälle und Tierschutzvereine betreffend)*, und Freuds *Traumdeutung* beginnt mit einem ausführlichen Referat über die Vorgänger. Eigentlich sind die meisten bedeutenden Abhandlungen, auch der Wissenschaft, wohlverfasste Groß-Essays, insbesondere solche, die, wie im Falle Winckelmanns oder

* Wobei deutlich wird, welch passionierter Zeitungsleser Schopenhauer war! Nicht rückt solches Zitieren das Werk ins Ephemere; sondern die Persönlichkeit des Autors blickt gleichsam über die zitierte Zeitung hinweg zum späteren Leser hin. Der Autor selbst scheint einen flüchtigen Blick auf dich, Leser späterer Jahrhunderte, zu werfen, der du ihm, dem Großen, sein damaliges Zeitunglesen missgönnen möchtest!

Freuds, eine neue Wissenschaft erst begründen. Sie fordern sofort zur Polemik heraus. Der junge Herder wie später der junge Marx mussten sich mit der Frage Lessing contra Winckelmann befassen; „befassen“ ist gut gesagt... Der zwanzigjährige Herder hatte nach eigenen Worten Winckelmanns *Geschichte der Kunst des Altertums* gleich nach dessen Erscheinen (1764) „durchgejagt und durchgekrochen“ (nämlich Anfang 1765), und ein Jahr später dann kam der *Laokoon* heraus. In solchen Werken wird das geistige Schicksal der Welt verhandelt. Hierbei geht es nicht so sehr um Wissenschaft, sondern um Weichenstellungen in der Welt des Geistes überhaupt, um den Agon der Genies. Diese geschichtsmächtigen Werke sind fast immer essayistisch; der Leser merkt das Atmen eines bedeutenden Subjekts hinter der Maske der Gelehrsamkeit. Dass der junge Marx sich mit der Polemik Lessing contra Winckelmann beschäftigte, mag als *Vorübung* zu seinen sehr bald dann gemeinsam mit Engels unternommenen Polemiken gesehen werden; er wollte sich ein prominentes Modell abschauen. Es ist kein Schaden für die Wirksamkeit eines Buches, wenn es sehr ins Detail geht, wenn die Leidenschaftlichkeit seines Autors sich durch penible Nüchternheit zügelt – im Gegenteil. Das Werk wird gerade dadurch explosiv. Die „geometrische“ Darstellungsform tut der *Ethik* Spinozas keinen Eintrag. Der Leser wird durch gelegentlich eingestreute Aperçus bei Laune gehalten – seine Glut wird angefacht, er wird weiterlesen. Winckelmann insbesondere beherrscht in vollendeter Weise die Zusammenfassung seiner einzelnen Kapitel, die zugleich Überleitungen zu den nächstfolgenden sind. Schopenhauer hat es verstanden, ein der Form nach durch und durch unvollkommenes Werk in der allervollkommensten Manier dem Leser vorzuführen und eingängig zu machen; er verlangt, schlechterdings *alles* von ihm zu lesen – und (im Falle des Hauptwerkes) zweimal zu lesen. Mit dieser Zumutung hat sich Schopenhauer lebenslange Leser gewonnen; manche von ihnen durchlaufen seine Werke vier-, fünfmal oder noch öfters in ihrem Leben. In jedem Lebensalter (Lesealter) stellt sich überdies die Sache anders dar, wie ja auch Schopenhauer selbst gesagt hat. Dann setzte er über seine Werke noch das limitierende Wort „Non multa". Schopenhauer hat sehr schlau für seinen Nachruhm gesorgt; seine treuen Leser schreiten ihn aus und entdecken unablässig Neues in ihm. Durch seine Brille sehen sie die Welt und die andern Philosophien. Es bedarf dafür keiner eigenen Schule mehr. Nicht das „philosophus dixit" zählt, sondern die wunderbare Art der Darlegung. Kaum von Belang ist, ob die Weltanschauung Schopenhauers nun der Wahrheit entspricht, wie er glaubte, oder nicht. Winckelmann, in einer unscheinbaren Überleitung, sagte: „[...] führe ich die Betrachtungen des Lesers zu [...]", und eben genau das ist die Manier des Essayisten. Der Essayist geht immer schon davon aus, dass der Leser seine eigenen Betrachtungen anstellt, dass er das Buch hauptsächlich deshalb zur Hand nimmt, um sich in eigenen Betrachtungen zu ergehen, Betrachtungen, die womöglich ganz abseits liegen von dem im Buche Dargelegten. Herstellung intensivster Abwesenheit zum sonstigen Treiben der Welt... Während wir einen großen Geist studieren, sind wir zugleich auch noch mit etwas ganz anderem, damit parallel Laufenden beschäftigt: mit einer Selbstprüfung eigenster Art. Hunderte Male unterbrechen wir uns während des Lesens, erinnern uns an Begebenheiten und Imaginationen, die scheinbar gar nichts mit dem Buch selbst zu tun haben. Doch sie werden durch das Buch ausgelöst. Während einer langen Museumsführung oder Stadtrundfahrt träumen wir zwischendurch. Beim Lesen ist es ein Wachträumen ganz besonderer Art; das Traumorgan wird in uns aktiviert. Außerdem werden wir in eine würdige Stimmung erhoben – das ist nicht gleichzusetzen mit bloßer Erbaulichkeit. Ein großer Geist setzt gleichsam Taktstriche in die wirr erscheinenden Noten unseres Lebens. Wir lernen an dem großen Denker selbst zu denken; wir lernen, uns manches nachzusehen, über manche unserer Kleinlichkeiten hinwegzuschreiten wie die „Atalanta, die so schnell über den Sand hinflog, dass sie keinen Eindruck der Füße zurückließ“ (Winckelmann). Sehr kommt dem Meditativen zugute, wenn man dem Leser gelegentlich eine Delikatesse auftischt, irgendeine Kuriosität oder auch bestürzende Ungeheuerlichkeit, die er nicht für möglich gehalten hätte. Die grotesken Irrtümer der Vorgänger, anschaulich vor aller Augen vorzuführen: das kann über Seiten gehen und ermüdet den Leser keineswegs. Wenn Winckelmann beiläufig sagt: „die Kunst fängt wie die Weisheit mit Erkenntnis unser selbst an“, hat er wieder einen jungen Adepten mehr an das Buch gebunden: der wird dann das Buch nicht weglegen, bevor er es nicht „durchgejagt und durchgekrochen“ hat. Nicht die Kürze ist das Hauptmerkmal des Essays, auch nicht das Fragmentarische, sondern dieses Sachte und Süffige: „[...] führe ich die Betrachtungen des Lesers zu [...]“. Also das Versprechen des Selbstgenusses wird mit einem Essay gegeben. „Man lernt nicht, wenn man ihn liest, aber man *wird* etwas“, äußerte Goethe 1827 über Winckelmann, zu Eckermann.

Theorie und Ohnmacht

Die Christen sollten einmal, lediglich hypothetisch, einen Standpunktwechsel, nur für einen Augenblick, vollziehen und sich in den Teufel hineindenken. Wie selbstherrlich und selbstgerecht steht gegenüber ihm, dem *anders* Allwissenden, auch noch der letzte gerettete Spießbürger da! Die ganze Hierarchie von der Basis bis zur Spitze drückt sich der armen Satansschlange auf, ja alle Geretteten, noch so Blöden und Stumpfen, sind gerettet auf Kosten des Bösen. Die Ecclesia triumphans ist die Bestia triumphans.

Der Sankt Georg Drachentöter: betrachte ihn nur einmal von unten, seine lächerliche, grimmige Männlichkeit! – Gewisse Barockkuppelbaumeister lassen zuunterst, als abgesetzte Skulptur, den Teufel in die Kuppel hinaufblicken, dass ihm schwindlig werden möchte vor dieser luftigen und steilen Herrlichkeit; ein steinerner Kirchenfürst drückt ihm mit dem Spazierstock ins Kinn, dass er, niedergehalten und in peinigendster Rückenlage, nur alles möglichst sehe. Ja sehe, wie alles schiefgeht...![*]

Eben ganz so wie diesem niedergehaltenen Satan ergeht es dem Theoretiker gegenüber der herrschenden Welt: er hat zwar den Blick in die Kuppel, doch zugleich den Stock der Unterdrücker im Kinn.

Chamisso und Hegel

Chamisso, der das erste deutsche Eisenbahn-Gedicht *Das Dampfross* geschrieben hatte (1830), gab den regressiven Versuchungen zur Romantik nicht nach. In der Geschichte der neueren deutschen Literatur hat er eine einzigartige Zwischenstellung. Er unternahm eine dreijährige Weltreise, der Kapitän war Kotzebues Sohn. Die Romantiker, die in Europa hockengeblieben waren, betrachteten „die Welt aus dem Halse der Flasche [...], in welcher sie eben eingeschlossen sind. Auch das haben wir los“. Nach Chamisso wurde eine Insel benannt. Politische Plakate, die er in London sah, nannte er „das märchenhaft wundersam-

---

[*] Anzuschauen z.B. in der Prager Sankt-Nikolaus-Kirche. (Vielleicht ist es nicht Satan, der in dieser Kirche so zur Kuppel hinaufzuschauen gezwungen ist, sondern nur ein weltlicher Widersacher oder der Ketzer Jan Hus. Ich kann das jetzt nicht überprüfen. Vor mir liegt nur die Postkarte, die dieses darstellt; an mich abgeschickt von einem sogenannten Priester-Ausbildner, der sich einst erhofft hatte, mich bis zur Priesterweihe begleiten zu können; dem ich schließlich auch, wie andern Prägemeistern, glücklich entronnen bin.)

ste, das unglaublichste Buch". Seine Kindheit verbrachte Chamisso auf dem Stammschloss Boncourt in der Champagne, dieses wurde dann dem Erdboden gleichgemacht, die Familie irrte umher. In seiner phantastischen Erzählung vom Peter Schlemihl, der seinen Schatten verkauft, antizipiert er die spätere Weltreise. In meiner verlorensten Berliner Zeit bin ich oft an der Büste Chamissos im Monbijou-Park vorbeigegangen. Ich bin ja selbst ein Schlemihl.

Chamisso sah *wirklich* die Osterinsel, während Hegel zu Hause hockend, sich auf papierene Berichte stützend, seine Unsäglichkeiten über die angebliche Zurückgebliebenheit der Indios sich zusammendachte. – Mit Friedensrufen und grünen Zweigen wurden die Matrosen auf den Inseln begrüßt. „Die Menschen schienen uns freudig, freundlich, bescheiden, freigebig und nicht erpicht auf Gewinn." Insulanerinnen sangen später „freudig die Lieder vor, die zahllos auf uns entstanden waren".

Über die Indios des südamerikanischen Kontinents schrieb Hegel voller Geringschätzung: „Die Eingeborenen sind, nachdem die Europäer in Amerika landeten, allmählich an dem Hauche der europäischen Tüchtigkeit untergegangen. Auch an den Tieren zeigt sich dieselbe Untergeordnetheit wie bei den Menschen. Die Tierwelt weist Tiger, Löwen, Krokodile auf; aber diese haben zwar die Ähnlichkeit mit den Gestaltungen der Alten Welt, sind aber in jeder Rücksicht kleiner, schwächer, unmächtiger." Auch Schelling denkt über diese Angelegenheit nicht viel anders. Keine Gnade für die sogenannten außergeschichtlichen Völker, die im Kindheitszustand der Menschheit verblieben wären. Auch keine Gnade für Tiere und Pflanzen.

Lebensalter

Nehme ich nur eine Aktentasche in die Hand, verwandle ich mich schon in einen zur Gänze andern Menschen. Auch wenn in dieser Aktentasche nur ein paar Äpfel und eine Tafel Bitterschokolade sind. Auf einmal sehe ich aus, wie einer der draußen einer Beschäftigung nachgeht, eigenartigerweise auch vor mir selbst, in mir innen. Halte ich dieselbe Tasche nicht am Griff, sondern habe den Schulterriemen eingeklinkt und lasse sie also an meiner Schulter baumeln, verfalle ich sogleich in einen Schlendrian. Die am Griff gepackte Tasche versieht mich mit einer solchen Sicherheit und Offizialität, dass ich lange Nächte durch Lokale streifen und mich volltrinken kann, ohne jemals zu befürchten, dass man mich auflesen und nach Hause bringen müsste. Mit einer solchen Aktentasche stoße ich weiter in die Vierziger und sogar auf die Fünfzig vor, während ich mit der gleichen lässig über die Schulter geworfenen Tasche hinter die Vierzig zurück gerate, irgendwann in meinen Dreißigern mich aufhalte, und ohne Tasche streife ich gar wie ein Fünfzehnjähriger, Sechzehnjähriger herum, haltlos, verlegen, ausgesetzt. Manche verdanken mehr noch ihrer Tasche als ihrem Mantel ihre Karriere, und dass man ihnen ihre Karriere abgekauft hat. Man nimmt mich mit der Tasche für voll, auch wenn diese Tasche bis auf ein paar Äpfel und eine Tafel Bitterschokolade leer ist.

Wie unterschiedlich die Lebensalter empfunden werden, zeigen gut die Briefe des an Tuberkulose erkrankten Chopin. Der Einunddreißigjährige fühlt sich mit raschen Schritten schon dem Alter nähern; der Vierunddreißige unterschreibt sich in einem Brief an seine Schwester Ludwika „Dein alter Ch.“, an George Sand „Ihr immer älterer, sehr, außerordentlich, unglaublich alter Ch.“ und kurz danach gar als „Ihr mumienhaft alter Ch.“. Er hatte dann noch fünf Jahre zu leben. Während andererseits der rüstige Fontenelle, der hundert Jahre alt wurde, nach eigenem Zeugnis seine beste Zeit zwischen achtzig und neunzig Jahren gehabt hätte. Und Diderot hatte bereits die Vierzig überschritten, war schon elf Jahre verheiratet und Vater, als er 1755 Louise-Henriette Volland, von ihm „Sophie“ genannt, kennenlernte und sich zu einer leidenschaftlichen Liebe hinreißen ließ, die ihn bis an ihrer beider Lebensende zu fesseln vermochte. Mehr als 550 Briefe hat Diderot, der alle sorgfältig zu nummerieren pflegte, in den drei Jahrzehnten seiner freundschaftlichen Liebe an Sophie geschrieben. Schon Mitte vierzig, schreibt er ihr im Juni 1759: „Wie geht es Ihnen heute? Haben Sie gut geschlafen? Schlafen Sie manchmal so wie ich, mit ausgebreiteten Armen?“ Er vertraute ihr alles an, was er erlebte: zahllose Geschichten, Anekdoten, Plaudereien, Projekte, Reiseeindrücke, seine Sorge um die Enzyklopädie, die philosophischen Gespräche im Freundeskreis. Beide werden im selben Jahr, 1784, sterben: zuerst sie, dann er, wenige Monate später.

Die Lebensuhren gehen sehr verschieden. Barlach schreibt mit neunundvierzig: „Alles, was ich gemacht habe, eh ich sechsunddreißig war, kann ich leichten Herzens verabschieden. Hier im Norden lässt die Natur sich Zeit. Ich bin jetzt in meinem besten Alter.“ – Während die einen erst beginnen, sind die andern im gleichen Alter schon fertig und hinterlassen geglücktenfalls ein unsterbliches Lebenswerk.

Johann Gottfried Seume marschiert 1801/02 als Enddreißiger zu Fuß von Leipzig nach Syrakus: „Ich schnallte meinen Tornister, und wir gingen.“ Novalis dagegen als Romantiker war ein Jahr zuvor schon mit nur neunundzwanzig Jahren verstorben.

Selbstironisch bis zuletzt. Vom alten, sterbenden Fontenelle erzählt sein Neffe: „Sogar auf dem Totenbett litt er in

Epigrammen. Wankend vor Müdigkeit, beugte ich mich zu ihm und schrie durchs Hörrohr: ‚Wie geht es?' Und mein Onkel: ‚Es geht nicht, *ich* gehe.' Dann sah ich, wie dieses Gesicht, das niemals geweint, niemals gelacht hatte, das mich vier Jahrzehnte beherrschte, vom Tode überfallen wurde, wie die Lippen sich zusammenzogen und noch erkaltet zum Spott sich kräuseln wollten."

Moral und Faulheit

Die Moral ist etwas recht Hypothetisches. Der Moraldiskurs erfolgt am auschweifendsten unter Untätigen. Man denkt über *Möglichkeiten* nach, ereifert sich über *hypothetische* Verbrechen oder über die Verbrechen *anderer* – anderer, die man gar nicht allzu genau kennen und verstehen will. Sobald man selber handelt bzw. arbeitet, schränkt sich der moralische Bereich auf eine einzige Schiene ein, ja löst sich geradezu auf, wird in den meisten Fällen unwirksam. Moralisieren und Faulsein verträgt sich gut; es ist oft ein unbewusstes Faulsein. (Vielleicht ist das Moralisieren jene Spielart des Faulseins aus schlechtem Gewissen: wegen des unbestimmten, reinen Faulseins? Ein faules *Tun* anstelle des faulen Seins?) Wie wenn einer den ganzen Tag schliefe, um sich glauben zu machen, er sei ein guter, harmloser Mensch. Erst der *selbständig Tätige* bemerkt mit einigem Erschrecken, aber auch unter Staunen, zu welcher Immoralität, zu welcher Grundlosigkeit und Abgründigkeit in den Motiven er fähig ist – zu welcher *Freiheit*! Solange dieser Mensch sich in untätigen Spekulationen verlor, blieb ihm jene Seite seines Wesens verborgen; verborgen blieb ihm auch, dass er selbst sein Moralisieren, seine „Begeisterung" für ethische Fragen usw. zu einem unmoralischen, unethischen Zweck verwendete: seine eigentliche Lebensart sich und andern zu verschleiern, sich in Unschuld zu wiegen, selber nicht nur unbeschriebenes Blatt zu spielen, sondern auch jenen unseligen Federkiel, dessen Privileg es ist, die andern zu bekleckern und anzuschwärzen.

Zitronenfalter-Geschichte

Jedesmal, wenn ich in die Familie zurückkomme, fühle ich mich beengt wie ein armer Zitronenfalter, der auf Besuch in den Glaskasten einer Schmetterlingssammlung kommt – und die dort Aufgespießten leben noch auf ihren Nadeln, um die sie vor Aufregung, sobald sie mich sehen, rotieren, und sie werfen mir vor, noch frei zu sein – dabei seien *sie* ranghöher und edler: Pfauenaug, Schwalbenschwanz, sogar ein Admiral ist dabei, der im Krieg gedient. „Du kleiner Zitronenfalter bildest dir ein, *mehr*, besser als wir zu sein!“, heißt es dann. Obendrein verehren sie die Nadel, an der sie hängen, als heilig, als sakrosankt. Letzteres ein *blödes* Wort – „sa-kro-sankt“ (man spreche das nur einmal langsam, es laut artikulierend). „Die Nadel ist das einzige, was wir haben“, belehren sie; „die Nadel ist aus Stahl, wir aber sind zerbrechlich und werden zu Staub zerfallen.“ Außerdem: „Wir hier sind *beschrieben*, jeder hat ein eigenes Kärtchen, auf welchem Rang und Namen verzeichnet sind, *sogar in lateinischer Sprache*. Und der Tag, da man uns mit dem Kescher fing, da uns diese Ehre, nein diese *Gnade* der Auserwählung zuteil ward. Du, Zitronenfalter, bist ja nur noch frei, weil du für den Schmetterlingsfänger nicht wertvoll genug warst. Schau uns an! Wir stecken hier feierlich wie Orden- und Ehrenzeichen, sehen selber fast aus wie Verdienstkreuze des Staates. Nur *du* bist verdienstlos, ohne zur Ehre einer Nadel gekommen zu sein – *ohne Ehrennadel*! Immer noch. Dabei bist du schon so alt…

„Er hat nicht hören wollen“, sagte der Admiral zu Pfauenaug, als der Zitronenfalter davongeflattert war. „Nun wird er der Chemie anheimfallen. Gibt es denn noch Schmetterlinge *in den Feldern*? Wohl kaum noch. Er hat nicht hören wollen, jetzt ereilt ihn das Los aller Verfluchten: das Gas", seufzte Pfauenaug scheinheilig. Admiral nickte – und knickte; einer seiner Flügel brach bröselnd herunter. Er hatte mit steifer, stets jede moralische Plattitüde bestätigender Würde genickt, die Tatsache der ewigen Verdammung Zitronenfalters sanktionieren wollen – dabei übernahm er sich, überspannte seine Möglichkeiten. Ach, er zerbrach! Sieh an.

Mensabegeisterung

Familienalptraum (3.3.2010): Ich habe wieder einmal wochenlang Bücher nicht in die Universitätsbibliothek zurückgetragen. Der Vater schreibt mit seiner sorgfältigen Handschrift (einer kalligraphischen Zierschrift) einen umständlichen Brief an die Bibliotheksleitung, mit einer Entschuldigungsformel, in der alleruntertänigsten Weise, den ich anschließend unterfertigen solle. Außerdem werde *er* nun diese Bücher für mich zurückbringen. Mich stört diese Bevormundung sehr. Außerdem finde ich, da ich ohnehin überzogene Mahngebühren entrichten muss, eine zusätzliche „Entschuldigung" nicht nur überflüssig, sondern beschämend, lächerlich. Ich lasse es mir dennoch – mit innerem Grollen – gefallen, erledigt doch der Vater für mich den Bibliotheksgang. Im Traum leben auf einmal wieder die alten Damen unserer Familie: die zwei Großmütter, die ja in Wirklichkeit schon lange tot sind, sowie meine erst kürzlich verstorbene Mutter, diese ja auch schon hochbetagt. Beim Bibliotheksgang hatte der seit jeher sparsame, um nicht zu sagen geizige Vater die Mensa entdeckt. Obwohl dort das Essen bekanntermaßen seit jeher zu wünschen übrig lässt – früher, als die Mensabetriebe noch in öffentlicher Hand sich befanden, gab es sogar regelmäßige

Studierendenproteste gegen das schlechte Essen dort; gegen die inzwischen privatwirtschaftlichen Betreiber glaubt man indessen nichts ausrichten zu können –, kommt der Vater nun heim und rühmt das warme Mittagessen dort. Er wolle nun mit den drei alten Damen und mir zusammen dort in Zukunft regelmäßig essen gehen. Was für eine Beschwerlichkeit zeichnet sich nun für mich ab! Ich kenne ja meine Leute: sie breiten sich auf die umständlichste Weise aus, lassen sich auf die auffälligste Weise aus ihren Mänteln helfen, sprechen, da schwerhörig und sowieso von zu Hause das Schreien gewohnt, viel zu laut, müssen unbedingt ein Tischgebet zuvor verrichten. Und werden selbst bei den kümmerlichsten Gerichten, beim pappigsten Kartoffelpüree, bei der pickigsten, nach Chemie schmeckenden Konfitüre, beim flachsigsten Schnitzel, von dem sie die Panier herunterkratzen und mir zum Verzehr anbieten werden wollen – und zwar unbelehrbar, jedes Mal, wenn es Schnitzel gibt, wieder –, ausrufen, wie köstlich dieses Essen sei – und wie billig! Wie *vergleichsweise* billig… Und werden das „Studentenleben" zu preisen beginnen, sie, die niemals studiert hatten. Und das vor aller Augen. Ich versinke, indem ich mir das ausmale, in Scham, *Fremdscham*. Ich weiß aber auch nicht, wie ich mich dieser mir nun regelmäßig drohenden Peinlichkeitsvorstellung entziehen könnte. Gleich käme das Lamento des Vaters: „Du magst uns nicht, dabei verdankst du uns alles. Wieso denn nicht? Du kannst uns nicht verbieten, dort essen zu gehen. Willst du dich gar von uns wegsetzen? Was glaubst du, was die Leute dann darüber denken?"

Ich weiß schon jetzt, dass ich in der Mensa nun der einzige Studierende sein werde, der seinen Herkunftsfamilienanhang mitschleppen würde bzw. umgekehrt: er, das heißt ich, wäre ins Schlepptau dieser in allem peinlichen Familie genommen, die überhaupt bis jetzt nicht gewohnt gewesen ist, auswärts zu essen (sie nennen es „speisen", dabei patzen sie stets die Tischtücher an, auch ihre Kleidung, an der sie dann herumzuwischen beginnen, mit Spucke zuerst, dann aufs Klo rennend, um es mit Wasser zu versuchen, alle diese Prozeduren in der das Aufsehen förmlich *erregen* müssenden Weise vornehmend), und ich der unfreiwillige Mittelpunkt dieser Gesellschaft, der den Spott und das Mitleid auf sich ziehen wird müssen und nicht aus seiner Haut herausfahren kann. Außerdem werden die Meinen manchmal Plastikbehältnisse mitnehmen, dorthinein übrig gebliebenes Essen deponieren. Auffälligkeit erregend ebenso, wenn sie vorher ihre Arzneien einnehmen würden, auf den Tropfen genau sie auf einen Löffel dosierend, dabei laut mitzählend, bis zu 29 Tropfen manchmal. Ich würde mich wie in einer Behindertengruppe fühlen, und denke in meiner – andererseits lächerlichen – Not an eine List, die ich jedoch niemals den Meinen gegenüber würde durchsetzen können, nämlich mein altes Zivildienerabzeichen anzustecken, um auf diese Weise mich als Altenbetreuer einigermaßen *tarnen* zu können, nunmehr jedoch selber schon viel zu alt, um als Zivildiener durchzugehen. Meine Zukunft ist mir durch diese allereinfachste Maßnahme der Meinen geradezu komplett verleidet, ich versuche es ihnen auszureden: das Essen dort lasse zu wünschen übrig, liege lange im Magen, verursache Verdauungsbeschwerden, „Koliken!“, sage ich sogar (und übertreibe). Und es sei die Mensa hauptsächlich für Studierende nur gedacht; es käme auch so gut wie nie jemand vom benachbarten Altersheim herüber, um zu essen. Das sei der allerletzte Kantinenfraß, die Zahnprothesen der Meinen würden an den schuhsohlenledernen Schnitzeln ja hängen bleiben, es sei aus verschiedenen Gründen abzuraten, außerdem wären die jungen Leute dort viel zu lebhaft. „Wir genießen aber das junge Publikum!“, entgegnete der Vater, „lasst junge Esser um uns sein!“

„Und die wunderbaren Desserts“, so die Mutter meines Vaters, „die Vanillesauce, die Buchteln! Wie dazumal in Böhmen, in Karlsbad!“ Sie begannen zu schwärmen.

Außerdem erspare man sich den Abwasch. Anschließend könnten sie spazieren gehen, es sei ja das ideale Spaziergebiet rundum, so nahe an diesem viele Quadratkilometer weiten Spaziergebiet, wo so viele Kinderwägen durch die Gegend geschoben würden und man sähe, wie das Leben erneut junge Triebe ansetze, „Keimlinge“, sagten sie. „Ein Trost dieser Anblick! Endlich einmal herauskommen aus der Stubenluft. Bewegung tut uns not.“

Es war ausgeschlossen, gegen diese Mensabegeisterung der Meinen anzuargumentieren. Der Vater hatte ihnen den Floh in die Ohren gesetzt. Schließlich rückte ich mit der Wahrheit dann doch heraus: „Immer habt ihr mich in lächerliche Situationen gebracht, zeitlebens. Durch euch wurde ich zum lächerlichen Menschen.“ Nein, ich sagte – und zwar zum Vater: „Durch *dich*.“ Die Worte brachte ich nicht wirklich heraus. Es trat nur ein hilfloser Schaum vor meinen Mund. Es war ein Ersticken an meinem Versuch, gegen den Vater zu protestieren (und erstmals halte ich hier fest, dass ich schon unzählige solcher Träume vorher gehabt hatte, wo mir die Worte im Mund abgewürgt wurden, wenn ich gegen den Vater oder die Mutter oder den ältesten Bruder anreden wollte; und je mehr die Worte hervortreten wollten, desto mehr wurden sie erstickt; in meinem Maul steckte ein Knebel).

Der Vater lächelte bzw. lachte, doch ebenso stumm, *pantomimisch*. So kannte ich ihn ja nicht! Ich brabbelte gegen ihn an, gegen den Knebel, nein, als ich sein lachendes Gesicht sah, in dem übrigens der Mund fehlte oder nur durch eine Linie angedeutet war – er lachte also ohne Mund (der Zeichner des Seins hatte vergessen, den Mund auszuführen) – wollte ich ihm sogar zum ersten Mal wirklich Anerkennung zollen und ihm unbedingt sagen: „Du bist ja ein Clown! Ein viel größerer Clown als ich! Ein ganz *gewaltiger* Clown! Wie konnte ich das erst jetzt erkennen...“ Doch es konnten meine Worte nicht herauskommen, nur als Schaum brabbelten sie hervor, ich war *behindert*, sprechbehindert, ein Idiot. Ich war und blieb der Idiot. Es musste für die andern so aussehen, als wäre ich ein Idiot – und wollte dagegen an, mich artikulieren; bei diesen Artikulationsversuchen erwies sich aber immer mehr meine Behinderung, und die andern – die Fremden – wandten sich kopfschüttelnd und angewidert von mir ab. Da *erwachte* ich.

Streitouvertüre zu einem Geburtstagsfondue

Am Abend, nachdem der siebzigste Geburtstag des Vaters unter Beisein seiner Gattin, seiner hundertjährigen Mutter und der drei erwachsenen Söhne in einem gehobene Ansprüche erfüllenden Gasthaus begangen worden war, gab es – die Autos mit der Verwandtschaft waren über die schneeverwehten Wege eingetroffen – in der Elternwohnung den kulinarischen Ausklang: das mit einiger Vorfreude allseits erwartete Fondue. Obschon die Eltern sich zu fett- und fleischarmer Diät zwangen, um sogenannte Durchuntersuchungen beim Arzt günstig zu beeinflussen, also diesen beständig über den wahren Erkrankungsgrad ihrer ziemlich versteinerten Persönlichkeiten zu täuschen, wurden sie schließlich vom ältesten Sohn, der gerade die im Kaufhaus vortags erstandenene Fonduepfanne aus dem Karton auspackte, zu dieser Form des Schlemmens überredet. Der jüngste Sohn, in den frühen Dreißigern stehend, machte sich ans Auspacken der Spießbestecke, die gebündelt in einem Zellophan, von einem blauen Gummiring zusammengehalten, staken, wobei er das erste Besteck der Mutter überreichte, die ihn sofort dazu mahnte, mit dem Spießauspacken vorsichtiger fortzuschreiten und sich von der in den Armen des mittleren Sohnes gehaltenen Enkelin einige Sitzplätze wegzubegeben. Der Jubilar fiel in die Sorgenvorbringung seiner Gemahlin ein, sodass der jüngste Sohn sich mit einigem Murren zwar, aber dann doch in die Platzverweisung fügte. „Messer, Gabel, Schere, Licht“, so begann er zu deklamieren, worauf ihn die Mutter scharf anblickte, was immerhin die Wirkung tat, dass der Junggeselle auf die Fortsetzung des Versleins verzichtete. „Seit Jahren, was sage ich, seit Jahrzehnten tyrannisierst du uns mit deinem Luftschutzstollenblick“, sagte er nun, mitten hinein in das fassungslose Mutterantlitz. „Und deine Sätze waren meistens rußig, die du aus dem Kohlenkübel deiner Vergangenheit hervorgeklaubt hast.“ Die gehbehinderte Mutter schnellte unerwartet auf, hantelte sich an den zwischenliegenden Stuhllehnen wie eine Äffin an den Urwaldästen zu ihrem Jüngsten hin und starrte ihn vorwurfsvoll an. Von der entfernteren Tischecke hörte er die hundertjährige Großmutter das Wort „Undankbarkeit“ aussprechen. „Deine Eltern haben dich immer geliebt, doch du bist ihnen dafür immer undankbar gewesen“, hörte er nun die Uralte sogar noch zu ihm hinadressieren. Die Tischgesellschaft verstummte.

Die Glatze des Vaters gab einen gelblichen, seine Nase einen hellmarmornen Schimmer ab. Mit den Jahren waren mit Ausnahme des Jüngsten und selbstverständlich der minderjährigen Enkel alle männlichen Familienmitglieder glatzköpfig geworden, und diese Glatzköpfe hätten jeweils ausgezeichnet in den Richtertalar gepasst. Keiner von ihnen war ironiebefähigt gewesen, um die sich anbahnende Familientragödie in eine Familienkomödie umzubiegen. Es würde erfahrungsgemäß höchstens einige diplomatische Vermittlungs- und Beschwichtigungsbemühungen von seiten der Brüder und Schwägerinnen geben; von ihnen ein wenig Psychologie zu erwarten, war zweifellos zuviel verlangt. Die zugeflüsterten Sätze waren von der Art wie „Du weißt doch, wie die Eltern sind“. Das musste genügen, um wieder in den devoten guten Ton einzuschwenken, und wenn man trotzdem die Beherrschung verlor, hatte man sich den Vorwurf gefallen zu lassen, die Gesundheit der

Eltern, die – wie wir wissen – nur eine Fassadengesundheit war, aufs Spiel zu setzen.

Die Anwesenheit des jüngsten Sohnes, der nichts anderes tat, als alle jemals auf den vatikanischen Index gesetzten und von den Nazis verbotenen und verbrannten Bücher zu lesen, entpuppte sich jedesmal als eine Gesundheitsgefährdung für die betagten Eltern, und seine Rücksicht beschränkte sich mit sachlichem Nachdruck darauf, das Zusammentreffen mit ihnen, wenn immer nur möglich, zu vermeiden. So wurden die Familienfeste eins nach dem andern aus dem Kalender gestrichen, Feste, die ihm einmal sogar lieb gewesen waren – es war aus psychohygienischen und womöglich gesamtmedizinischen Gründen erforderlich, sich in die Quarantäne zurückzuziehen.

Die Mutter klammerte sich an den verbleibenden runden Geburtstagen fest, die ihr Gelegenheit boten, sich zu inszenieren, sich schon wochenlang vorher zu verausgaben, um dann am Ende des Festes den zuletzt Weggehenden den Zustand ihrer völligen Erschöpfung einzugestehen. „Dies alles tue ich mir für euch an, aber was ist der Dank?“ Das war ihr seit Jahren stehender Satz, und man war nicht schlecht beraten, wenn man von der ausklingenden Festlichkeit rechtzeitig ausscherte und aufbrach, gleich unter welchem Vorwand.

Von den Söhnen wurde die Zahl der Festlichkeiten auf ein absolutes Minimum reduziert, denn dem Pesthauch dieser Mutterliebe war niemand gewachsen. Man konnte, heimgekommen, über der Badewanne seine vergiftete Seele auswringen, soviel man wollte, das Gift hatte sich in ihre Falten gefressen und war nicht mehr auszusondern.

Den Geburtstagsfeiern entzog man sich, so gut man konnte; es war nötig, ein Ritual nach dem andern abzuknallen, obwohl man dabei das eigene Herz als Schießscheibe missbrauchte, es war einfach überlebensnotwendig. Je weniger Feiern, desto konzentrierter war der Sprengstoff, sodass der Festschauplatz mit einem

Schlachtaufmarsch vergleichbar war, wo jeder versuchte, seine aufs Losschlagen gedrillten Truppen noch zurückzuhalten, um in der vorteilhaften Lage des vermeintlich zu Unrecht Angegriffenen desto rücksichtsloser und bösartiger agieren zu können. Nicht nur zwischen den Eltern und den Söhnen verliefen die Fronten, sondern zusehends zwischen den Brüdern. Sie hatten denkbar entgegengesetzte Interessen. Die Sparten, in denen sie sich betätigten und sogar erfolgreich betätigten, waren untereinander kaum kommunikabel. Der Älteste war Manager, der Mittlere schwankend zwischen theoretischer und angewandter Physik, der Jüngste und ökonomisch Gefährdetste suchte Zuflucht bei der Kultur, er hätte sich am liebsten in reinen Geist oder zumindest in eine Brucknersinfonie aufgelöst. Statt aus dem Bauch eines Violoncells oder aus den goldenen Posaunentrichtern als Klangwolke in den freien Konzertsaaläther ausgestoßen zu werden, wickelte er nun Fonduespieße aus. Die Mutter hatte nicht aufgehört, ihn fordernd anzustarren.

Er war rat- und hilflos vor diesem Blick. Er war schuldig, ohne sich jemals über die Art seiner Schuld einen Begriff zu bilden. Bestand die Schuld darin, über diesen für andere, die mit der Mutter auf der gleichen Welle schwangen, *eindeutigen* Blick im Unklaren zu sein? Nicht nur, diesem Blick nicht standhalten, sondern ihn nicht entziffern zu können? Er hätte verstehen müssen, den Blick *kennen* müssen, dies war ja in der Kindheit eingeübt worden: der schreckliche, beschuldigende Mutterblick besaß einmal jene Eindeutigkeit, vor der keine Ausflucht, nicht einmal die der Rechtfertigung, denkbar war. Das Kind krümmte sich unter diesem Blick, wie von einem Laserstrahl versengt, zusammen. Trotzdem wies die Dressur Lücken auf, in denen die Saat der Fremdheit gedeihen konnte. So erschienen dem scheuen, beinahe autistischen Kind fast alle Erwachsenen als gespenstische Gestalten. Es erwies sich, dem äußeren Anschein nach, als sehr lenkbar, doch sein Blick suchte immer die etwas gedehnteren Maschen, durch die die Flucht aus diesem Blicke- und Gestenzwinger jederzeit möglich blieb.

Kam das vage Schuldgefühl daher, die Unmenschlichkeit dieses Blicks ebenso unmenschlich von sich abzustoßen? Sooft die Mutter den Jüngsten mit diesem Blick anstarrte, weigerte er sich, in ihr ein menschliches Wesen anzuerkennen; er ging sogar dazu über, die Mutter zu einer rätselhaften Atomzusammenballung zu vereinfachen beziehungsweise zu verkomplizieren. Oder er verglich ihr Gesicht mit einer dieser starren Holzmasken, die in den Raunächten zur Verkörperung der bösen Geister gebräuchlich waren.

Er weigerte sich, in der Blickbahn sich mit der Mutter zu verbinden. Was bei ihr aus der vor Gott gerechtfertigten Mutterseele kam, empfing er wie einen schädigenden, künstlichen Laserstrahl. Als fehlten seinem Gefühlsalphabet einige Buchstaben. Er war ein Legastheniker in Sachen Physiognomie.

„Wieso starrst du mich an?“ Mit dieser Frage versuchte er den Strafblick von sich abzuschütteln.

„Das weißt du genau.“

„Nein, ich weiß es eben nicht genau, ich habe es nie genau gewusst.“

„So geht’s eben“, seufzte die Mutter.

Solche Sätze konnten ihn rasend machen. Er hätte die Mutter gerne eine alte Hexe genannt, einen Drachen, ein Brechmittel, ein hässliches, stumpfsinniges Weib. Zu seinen Freunden sagte er manchmal, seine Mutter erinnere ihn an eine der auf Krücken humpelnden Greisinnen in den Theaterstücken Ödön von Horváths.

Vor der Mutter brachte er solcherlei Dinge nur in generalisierter Form zustande, indem er sich vor ihr, rasend gemacht, zu misanthropischen Verbalkanonaden steigerte. „Ich bin übrigens widernatürlich“, eröffnete er der Mutter kürzlich, ihre diesbezügliche Wortwahl übernehmend.

„Dieses ganze Balzen, Begatten, Nestbauen, Brüten, Auf-, Hoch- und Niederpäppeln, gleichfalls dieses abscheuliche Erziehen ist mir durch die Anschauung deiner Person und deren gravierende Wirkung auf mich vollkommen unmöglich gemacht. Wenn du die Natur bist, dann bin ich wider die Natur. Diese Natur ist ein einziger Verwuchs, mit Ausnahme der Pflanzen freilich. Schon mit den Tieren beginnt das Unglück, das im Menschen gipfelt. Der Mensch ist erträglich nur im Junggesellenstand seiner Widernatürlichkeit, indem er den Geschlechtstrieb vom Brutziel ablenkt und verabsolutiert, indem er jedes Spurenelement von dem, was du Liebe nennst, aus seiner Lust vertreibt, indem er aus sich den unendlichen, absoluten Orgasmus hervortreibt, eine spermatische Supernova." Wenn der Jüngste sich in solcherlei Tiraden steigerte, beschwingte sich in ihm der Wille, alles mittels eines immer mehr ins Absurde treibenden Redestrudels ins Lächerliche zu ziehen, die Mutter, das Heilige, sich selbst, den Hagestolzenstand, den Nisttrieb, Sinn wie Unsinn wie Gleichgültigkeit der Natur. Manchmal unterbrach der Vater den Wortschwall des Sohnes mit dem mehr gebellten als gesprochenen Satz: „Da hört sich doch alles auf!"

„Ja, da hört sich wirklich alles auf, die Kriege, der Rassismus, alles, was mit diesen verfluchten Blutsbanden zu tun hat, Schuld und Sühne, Opfer und Ergebung, alles das verschwindet dann, nachdem es zuvor unverständlich geworden ist. Diese ganze in Blut getauchte religiöse Welt verschwindet wie ein Spuk. Diese Verkettung an eine niemals zu durchschauende Vergangenheit. Mit andern Worten, ihr Eltern: Die Seele wird zerplatzen wie eine Seifenblase, wird eintrocknen wie Schaum."

Als der Sohn nach diesem Monolog die elterliche Wohnung verließ, hörte er noch durch die Tür den ratlos umtriebigen Vater zur Mutter sagen: „Mein Sohn ist gegen die Natur, er liebt die Natur nicht." Doch schon beim letzten Treppenabtritt in den Garten des von den Eltern bewohnten Reihenhauses hatte er das Gefühl, von der Natur mit samtenen Armen empfangen zu werden, und nicht nur war jetzt ein Gewicht von ihm abgefallen (mochte der Vater denn in einem Kollaps nach Luft japsen und die Mutter hilflos im Telefonbuch nach dem Arzt blättern), sondern er ging mit federnden, dankbaren Schritten hinaus, als stünde das eben Vorgefallene in keinem wirklichen Bezug zu ihm. Zu Hause zog er enganliegende Beinkleider aus Satin an und lief in den Wald, sich in Pirouetten drehend, das Rad schlagend, dahinhüpfend wie ein Känguru.

„Die Menschen könnten doch alle so nett miteinander sein“, pflegte der Freund unseres misogynen Waldläufers zu sagen, mit aller gebotenen Ironie.

Inzwischen wurde das Rohfleisch zur Geburtstagsgesellschaft auf silbernen Tabletts hereingetragen. Die Mutter verharrte weiterhin im starren Blick, sie schien diesen sogar noch zu besonderer Eindringlichkeit zu bündeln.

„Wieso können wir nicht ganz einfach nett zueinander sein?“, wie aus einem Traum, nicht aus dem Herzen sprach der Sohn diese Frage, die ein Freundeszitat war.

„Ja, wieso eigentlich nicht?“, stimmten die Brüder ein, auf einmal jovial geworden. Das rohe, rote Fleisch hatte diese Kannibalen mit einem Schlag beruhigt. Das Spießbesteck wurde der Reihe nach weitergegeben, und schon war das fröhliche Einstechen eröffnet.

„Selbstverständlich lieben wir die Natur“, so der Jüngste, den Spieß mit dem Fleischstück wie in der Fernsehwerbung erhebend, „selbstverständlich lieben wir sie, wenn sie uns schmeckt. Und ebenso selbstverständlich hassen wir sie, wenn sie uns nicht schmeckt“. Die Blicke waren auf ihn gerichtet, als gäben seine Erkenntnisse erst so recht die Würze. „Und vielleicht“, so schloss der Jüngste in geheimnisvoll-feierlicher Gelehrsamkeit, „hassen wir sie, damit sie uns wieder eines Tages oder Abends erneut schmecke."

Der Jubilar hob den Becher mit dem Wein, und sie alle tranken dem bisher so schweigsam gewesenen, von seinem eigenen Siebzigsten sentimental ergriffenen Vater zu. „Auf noch viele Jahre."

Weitere Steine

Theologen-Paradox: „Vermag ein *allmächtiger* Gott einen dermaßen schweren Stein zu schaffen, dass nicht einmal *er* ihn heben könnte?" Angeblich ein unlösbares Problem.

Es bliebe allerdings eine Variante: *Gott verwandelt sich in den Stein*, er *wird* zu einem Stein, egal zu welchem, selbst ein Kieselsteinchen wäre möglich.

Es heißt ja auch: „Du sollst Gott nicht versuchen." Wenn wir ihn – wie in obiger Frage – *versuchen*, verwandelt er sich für uns in diesen Stein.

Ein Vorsokratiker hielt die Sonne für einen Stein und unterschätzte ihren Durchmesser aufs gröblichste. Jedoch hatte derjenige nichts Falsches gesagt, der behauptet hatte: „Die Sonne ist so groß, wie sie uns erscheint." Der römische Kaiser Elagabal („Heliogabal") verehrte abgöttisch einen vom Himmel gefallenen Stein, tanzte davor, angetan mit den Gewändern eines Priesters; ein Chor von syrischen Frauen begleitete den ekstatischen Kult. Seine Minister wurden als Ministranten eingesetzt. Im Sommer ließ der Kaiser den Stein aufs Land bringen, der Stein sollte nämlich Urlaub machen. Sechs Schimmel zogen den Wagen, den kein Sterblicher besteigen durfte, niemand durfte Hand an die Zügel legen. Diese waren um den heiligen Stein herumgebunden, denn der Gott selbst sollte kutschieren. Elagabal ging dem Wagen voran, rückwärts gewendet, um den göttlichen Stein kein einzigesmal aus den Augen zu lassen. Ja tatsächlich, das ist das Einzige, was den Menschen vom Himmel kommt: der eine oder andere Meteor. Der Kult jenes Elagabal war deshalb folgerichtig, wenngleich absurd. Die Prozession aufs Land war im Grunde ein Narrenzug. Das war Religionskritik in kultischer Verhüllung. Elagabal galt übrigens als weibisch, er plante seine Selbstentmannung und bot sich als Lustknabe feil. Die Mutter regierte; freilich nicht lange.

Die Zeussöhne Zethos und Amphion. „In ihnen schuf die Sage zwei Typen menschlichen Wesens, den Mann der Kraft und den der Kunst: Zethos schleppte die Blöcke zum Mauerbau herbei, bei Amphions wundervollem Saitenspiel aber bewegten sich die Steine von selbst zu harmonischem Gefüge." (Walther Kranz)

Splitter

Wie sie lebenslängliche Gefangene einer geringen Anzahl von Geschichten bleiben... Von Geschichten ohne Poesie, nicht zu Ende gebrachten Geschichten. Wie sie, von diesen sie verkrüppelnden Geschichten in Schach gehalten, nichts Neues mehr erleben können.

Wenn seine Mutter ihr Leben aufzuschreiben beginnt, fällt ihr nur ein: das Hineindrücken von Pfirsichkernen in den Sand (bei einem Spiel); und schon leitet sie über in eine Biographie ihrer eigenen Mutter, wo sie doch von sich hätte schreiben wollen.

Er ist immer noch der mit Geschichten vollgestopfte und dann fest verschnürte Sack. Die Geschichten regen sich in ihm; wenn es ihm nicht gelingt, sie zu bizarren, wenngleich giftigen Blüten zu veredeln, werden sie sich in ihn als Geschwüre einnisten und ihn verheeren. – Auch im gnostischen Thomas-Evangelium heißt es: „Wenn ihr hervorbringt, was in euch ist, wird, was ihr hervorbringt, euch

retten. Wenn ihr aber nicht hervorbringt, was in euch ist, wird, was ihr nicht hervorbringt, euch zerstören."
Die Großeltern väterlicherseits waren *gestürzt*, die wohlhabende Großtante war ebenfalls *gestürzt*, während die arme Großmutter mütterlicherseits, bei der ich aufwuchs, einfach nur *ausgerutscht* oder *hingefallen* war. Da gab es einen feinen Unterschied. Oder einen groben? Bürgerpersonen *stürzten* eben – und brachen sich gleich was.

„Ein Betrunkener, der vom Wagen fällt, hat vielleicht Schmerzen, aber er stirbt nicht. Er hat die gleichen Knochen wie andere, aber er überlässt sich dem Unfall anders. Er ist sorglos. Es ist ihm nicht bewusst, dass er auf dem Wagen liegt oder von ihm herunterfällt. Er denkt nicht an Leben oder Tod oder Angst. Und so hat er kein Problem mit der Welt der Dinge. Wenn man solche Sorglosigkeit im Wein finden kann, um wie viel mehr dann im Dao?" (Dschuang Dsi)

Auf dem Antragsformular für das Literaturstipendium stand das altertümliche Wort „Brotgeber", dessen Kästchen man dann auszufüllen gehabt hätte.

„Arbeite als Waschmaschine, als Zerstäuber eines Sprays! Arbeite als Benzinkanister oder als Maßschuh! Oder als Tragfläche eines Flugzeugs, wenn du hoch hinaus willst! Oder bewirb dich um eine Stelle als Stativ bei einem Fotografen! Oder als Bücherständer bei einem Priester! Oder als Schirmständer in einem Café! Oder werde Schnellhefter! Oder vielleicht Dosenöffner!"

Man sagte doch kürzlich noch postmodern: „Verschwinden des Subjekts". Erinnern Sie sich noch? Trotzdem erwartet alle Welt eine „Identität" von mir. Als *was* bitte, wenn das Subjekt nicht mehr besteht? Als Lohn-, Erb- oder Sozialhilfe-Abhängiger, als *-abhängiger* jedenfalls. Identität über Abhängigkeit bestimmen. *Meine*

Identität wäre *meine* Abhängigkeit; dieses Pseudo-Possesivum (in dem nämlich andere mich besitzen, statt ich mich selbst besitze). Mir ist viel lieber das alte mystische oder meinetwegen romantische Subjekt ohne Identität.

Wenn es (sozial abstempelnd) heißt: „Du bist ein Nichts!“, ist das etwas anderes, als wenn es hieße (schaurig melodramatisch): „Du bist DAS Nichts!“

Das wäre dann ja im Tonfall der Faszination, der Bewunderung, des *Schauders* gesprochen.

Da stehen sie da mit den Sektgläsern, der schüchterne „Freie Autor“ hat schon wieder vergessen, wie man ein Sektglas hält oder macht sich einen Kopf deswegen, da war doch etwas, irgend so eine Benimm-Regel, die er gleich wieder vergessen hat, die er sich weigerte, zu befolgen, die gleichwohl in ihm desto mehr spukt, als *Verhaltensunsicherheit*. Sein gequältes Lächeln. („Sei doch befreit!“) Und da wird ihm offeriert, einiges Geld damit – er braucht es jetzt dringend, sie wissen es nur zu gut – verdienen zu können, ein Buch gegen die Natur zu schreiben, als Titel schlägt er selber *Abschied von der Natur* vor, ein Pamphlet gegen die Öko-Bewegung; dabei liebte er bis jetzt ausgedehnte Spaziergänge in der Natur, immer am liebsten ohne Menschen oder doch nur mit *einem* Freund manchmal, der ihn bestätigte.

Wieder in seiner kleinen Wohnung, beginnt er stattdessen einen Ordner mit der Aufschrift *Abschied vom Menschen*. Stellt es richtig: *Abschied vom Bürger*.

Aus dem Souffleurkasten des Gewissens zischelt es: „Recht geschieht dir.“

Wenn es stimmen sollte, dass der Orgasmus ein „kleiner Tod“ zu nennen ist, folgt daraus noch nicht, dass der Tod ein großer Orgasmus zu nennen wäre.

Sie spießte, als sie mit sich allein war, mit der Gabel eine Kartoffel auf, hielt sie sich vors Gesicht und sprach sie an: „Warum in aller Welt zeugst du kein Kind?“ – Diese Frage konnte aber die Kartoffel auch beim besten Willen nicht beantworten.

Wenn er liest: „die Rohheit und Brutalität der Kinder“, dann fühlt er sich erleichtert und entlastet, oder wenn Karl R. Popper mitten in *Objektive Erkenntnis* schreibt, angeblich, Säuglinge nicht ausstehen zu können.

„Bei der Einfahrt eines Bierfasses läuft er seliger umher als bei dem Eintritt eines Kindes in die Welt“, schrieb Jean Pauls Frau Karoline über ihren Mann.

Die alte Frage: „Wer erzieht die Erzieher?“ – Balzac meinte: „Ein Kind gut erziehen zu wollen bedeutet, sich dazu zu zwingen, nur richtige Gedanken zu hegen.“ Womöglich erhellt daraus, dass so viele Philosophen, die sich dazu zwingen wollten, nur richtige Gedanken zu hegen, kinderlos, ja unbeweibt blieben.

Giacomo Leopardi: „Die Kinder finden im Nichts das Gesamte, die Erwachsenen im Gesamten das Nichts.“

Wir wachsen, ohne es zu merken.

„Wenn Erzieher nicht aufhören können zu erziehen, so deshalb, weil sie nie autorisiert waren zu beginnen.“ (Niklas Luhmann)

Nach einem – von mir gemachten, spontan erfundenen – grausamen Witz *plötzlich* das physische Empfinden inneren Versackens, der Müdigkeit.

Die Zacken, die mir aus der Krone fallen, wachsen nach.

Es gibt im Universum dermaßen viele Sterne, dass im Verhältnis zu den nur sieben Milliarden Menschen, die heute auf der Erde leben, eher ein Stern darauf stolz sein kann, nach einem Menschen benannt worden zu sein, als ein Mensch, dass ein Stern oder Sternhaufen seinen Namen trägt.

Die erhabenste Definition der Philosophie: „Unter Philosophie versteht man das Wissen und die Lehre von der Bestimmung der Menschheit im All der Welten." (Otfried Eberz, *Sophia und Logos oder Die Philosophie der Wiederherstellung*)

Eine andere Reinkarnationsregel wäre denkbar: Nicht dass ich, heute wie ein Schwein lebend, in der nächsten Existenz in ein Schwein verwandelt werde, sondern gerade wenn ich *nicht* wie ein Schwein gelebt habe, diese ausgesparte Lebensform noch durchlaufen muss. Wenn ich zu wenig „Schwein" war, muss ich das in der nächsten Existenz „nachsitzen"...

Der vermeintlich übermenschliche Blick, den auch ich hatte und noch manchmal (immer seltener) habe – warum überhaupt die Vielheit, warum überhaupt die Mühe um ein einzelnes Ding, warum der ganze Aufwand an Arbeit? – Und doch: die Mühe um einen einzelnen Menschen, den ich liebe, stand niemals in Frage, außer damals, als ich dumm auf den Tod starrte, der alles, auch diese Liebe, auslöschen würde.

Er hatte es satt, nach einem Gruß von ihm zu haschen.

Endlich wurde sein Feind von etwas so Altmodischem wie dem Tod ereilt („und dann schnappt ganz plötzlich die Fessel auf, die ihn band“, H.G. Wells).
„Das alte Tier“, „das faule Tier“ usw. – voller Ehrerbietung kann das gesagt werden.

Er arbeitet Tag und Nacht unter Schweiß, das Menschenrecht auf Faulheit zu verteidigen.

Die schönen Dinge des Lebens nicht mit erhabenen Worten beschmutzen.

Obwohl der Geliebten meinen Rücken zugewandt, träume ich, dass sie lächelt wie aus einer Sonne; ich öffne die Augen, wende mich ihr zu und sehe, dass sie wirklich so jetzt im Schlaf lächelt. Das sind die entscheidenden *Tropismen* des Lebens, die wir so schnell und undankbar vergessen, indem wir sie mit dem stupiden Blödsinn eines leeren Ehrgeizes zupflastern.

Ein verspäteter Romantiker, der wegen Novalis Bergbau (Montanistik) in Leoben studiert und in den burschenschaftlichen Sumpf gerät.

Dieses Rennen zum Spiegel damals, nach dem Lesen unverständlicher philosophischer Prosa, um die Physiognomie sich kristallisieren zu sehen.

M.M., der zwecks Kriegsverhinderung ein für allemal die militärische Befehlsgewalt weltweit *verbieten* wollte. Durch einen internationalen Staatenvertrag.

„Nicht schon wieder Verbote!“, schrie jemand im Saal auf.

Sie meint: Alles, was sich nicht auf sie bezieht, ist egoistisch.

Geschäftsanzeige: „Kinderhemden im Alter von 12-14 Jahren".
„Er geht aufs Klo. Das erinnert mich an seinen Großvater. Sein Großvater ist auch von Zeit zu Zeit aufs Klo gegangen. Auch seine Handschrift erinnert mich an seinen Großvater. Der schrieb auch mit der Hand. Jaja, das ist die Vererbung, die man nicht leugnen kann!"

Als Gymnasiast in die Altgriechisch-Schularbeit gezogen wie in einen Krieg – am Schulweg dahingestiefelt, nein sogar *marschiert*, die Gräser mit den Sohlenkanten wegfegend, im Kopfhörer Liszts *Les préludes*. Einer abermaligen Nicht-genügend-Niederlage entgegen. Und dem *Stalingrad* einer gescheiterten Matura womöglich.

Kamele, die nach Wüstendurchquerung von den Weiterreisenden *traurig* Abschied nehmen.

Ein guter Schüler seines Lehrers sein bedeutet: stark zu werden für die *Gegengabe*. Das ist die größte, weil aufgehobene, weil begriffene (und nicht blöde anhimmelnde) Dankbarkeit.

„Undankbar": Der Köder hat gut geschmeckt – den Haken lege ich wie einen abgenagten Knochen auf den Teller zurück.

Auch Gedanken können sich *verkanten*.

Mir klang „Abfall" vom Glauben wie das Versprechen einer dahinterliegenden Wildnis. Eigentlich haben mich sogar seinerzeit Religionsbücher zum „Abfall" verführt. Exkursionen in die Wildnis mit Rückkehrmöglichkeit.

Der von andern Bedrängte, zur symbolischen Eindeutigkeit Verpflichtete, zur symbolischen Konvenienz (und das *Symbolon* war ursprünglich ein zwecks Wiedererkennen ineinanderzusteckendes Erinnerungs-Zeichen, ein Ding aus zwei zusammenpassenden Hälften), muss, um seine *eigene* symbolische Welt gestalten zu können, zuvor diese Konvenienz im Symbolischen relativieren.

Unterscheiden wir zwei fundamental verschiedene Funktionen des Symbols: (1) das Symbol als geeichtes Zeichen einer Gemeinschaft (feststehende Bedeutung), (2) die Tätigkeit des „unendlichen" Symbolisierens, die letztlich offene Produktion von Bedeutungen („dort, wo alle unsre Begriffe elastisch sind, in dem Wechsel des Lebens, könnten wir uns in einen starren Begriff nicht finden", Wittgenstein, *Philosophische Untersuchungen*).

Das Symbol sollte nicht auf den Menschen lasten und sie seelisch einschränken, sollte nicht leiden machen, sondern ganz im Gegenteil neue Horizonte erschließen.

„Mit deinen Fehlern – keine Hast. Mach dich nicht leichtsinnigerweise daran, sie zu korrigieren.

Was würdest du an ihre Stelle setzen?" (Henri Michaux, *Eckpfosten*)

Und weiter: „Glätte deine Schäden, aber nicht sogleich, nicht verfrüht, und vor allem nicht endgültig."

Läuten oder pochen wir einmal unangemeldet bei einem *Melusinenhaften* an, rührt sich in seiner Behausung kein Mucks. Oder knackte und knarzte vorhin nicht etwas? Wir läuten (oder pochen, pumpern) drei-, vier-, (aufdringlicher: fünf-, sechs-, sieben-, achtmal). Der Mensch scheint ausgeflogen zu sein. Öffnen wir aber nicht den Briefschlitz an jener Tür! Die Augen des Atemlosen könnten uns dann anstarren, von seiner Stirn ränne Blut. Seine Nase wäre rot wie die eines Clowns. Er hält sich gerade einmal wieder für keinen Menschen.

„Ein Fluidum von Feindseligkeit herrscht in einem Raum, den eine Frau nie betreten hat“, schrieb Djuna Barnes in *Nachtgewächs*. Ich denke an mein Hausen in Berlin. Ich habe keinen Fernseher, keine Teppiche, kein einziges bequemes Möbelstück. Da lade ich dich ein, und meine Wohnung gleicht einer ganz ungemütlichen Höhle noch! Ich mache es mir selber NIE komfortabel. Ich WOHNE nicht, ich schlafe auf einer Matratze oder setze mich an den Schreibtisch oder auf einen Sessel, wo ich mit abwechselnd übergeschlagenen Beinen stundenlang, manchmal qualvoll, lese. Dann, wenn es mir zuviel wird, gehe ich hinaus und in der Stadt herum oder fahre in die Natur weiter hinaus und stiefle im Selbstgespräch durch die Föhrenwälder. Ansonsten hausend „in einem Zimmer, das in Verwüstung wie vom Todeskampf die Art seiner Benutzung widerspiegelt“, so Djuna Barnes.

Erst wenn ich Gäste habe, entwickle ich Gastlichkeit. Erst dann wird der Gedanke in mir lebendig, die Wohnung bewohnbar zu machen. War jemand da, ist die Wohnung wie geweiht davon. Für mich selber aushaltbarer. Die sonst harten Kanten werden weicher. Mir selbst mute ich immer äußerste Unbequemlichkeit zu – und merke es nicht einmal. Habe da eine Kunst des Wegschauens entwickelt. Zu mir selber bin ich oft nicht recht lieb; ganz typisch für einen Einsiedler übrigens, der die Wüste oder schroffes Gebirge bevorzugt, Kargheit der Ausstattung. Bin mir selber Kerkermeister. Alles andere ist wichtiger als die Selbstpflege. Ich bin unentwegt hinter dem „Sinn“ her, fast lückenlos, ein andauernder Selbstbeobachter und Sinnergründer. Ich grabe mich in meine Lektüren, gebe mir aller-

größte Mühe, dass mir nichts entgeht, mache den Sinn meines Lebens davon abhängig. Es hat Zwangsstruktur. Hierin harre ich einer Lockerung. Bin mir oft wirklich keine „Selbstmutter"; erst wenn ich mich sehr drangsaliert habe, gehe ich weich und liebevoll mit mir um.
„Ich schreibe jetzt fast jede Nacht. Gerade jetzt, wo ich nicht weiß, wozu oder für wen! Außer: zu meiner Belehrung und für mich. Jetzt, wo ich so schwer lesen kann, ist der einzige Weg für mich, Neues zu erfahren, das eigene Schreiben. Ich bekomme Dinge zu wissen, die ich noch nicht gewusst habe; ich gewinne Erkenntnisse, die mir durch bloßes Denken nicht fassbar geworden wären, es musste das Schreiben dazukommen. Also: ich schreibe für mich und zu meiner eigenen Belehrung." (Theodor Haecker, *Tag- und Nachtbücher*)

Bei gewissen Klöstern hat es etwas gegeben, das „Idiorhythmie" genannt wurde. Das waren Klöster, in denen die Brüder oder Schwestern ihren eigenen Rhythmus, jede(r) für sich, bestimmten. Das nähert sich schon der Einsiedelei dann an.

Ich winkle seit kurzem im Liegen ein Bein ab, bilde mit dem Unterleib fast die Ziffer 4 dabei. In solcher Stellung stehen oft die Huren am Laternenmast oder an einer Hauswand. Aber es gibt doch auch eine Tarot-Karte, die eine solche Körperhaltung zeigt. Ich denke dabei Gedanken von allergrößter postorgasmischer Ruhe, fasse den Entschluss zu nüchterner Betrachtung meines Lebens, habe ihn schon gefasst, während ich so daliege. Langsam bildet sich mein Körper, spät aber doch, zu meinem Denken und Schreiben passend. Es überwiegt erst seit kurzem wieder der homosexuelle Aspekt; er verknüpft sich mit Klarheit, Frieden, Intaktheit. Die Welt kann vor dem Einsturz stehen, ich bilde eine 4.

Es gibt ein Scheitern, Zerbrechen am Allgemein-Menschlichen, am Menschenlos als solchen. Doch gerade das allgemeine Menschenlos, an dem wir isoliert verzweifeln können, ist als Verstehen und Solidarität die Menschlichkeit.

Schuldgefühle, weil man bestimmte Emotionen in sich nicht mobilisieren kann; die Zahnlücken des Gefühlslebens.

Im Dasein als einem erkannten auszuhalten, bedeutet, sich auf Baumstämmen stehend in einen Ozean flößen, auf schwankenden Baumstämmen, die uns abwerfen werden oder die das Salz zerfressen wird, und wir schlottern in der nebeligen Frostigkeit: nur unter unaufhörlichem Fluchen werden wir allmählich zu Kapitänen unserer unmöglichen Schiffe.

Ein unbedeutender, aber vielerlei durcheinander gelesen habender Mensch hielt einmal, als ihm das Geld ausgegangen war, eine Ansprache in den vor ihm stehenden leeren Bierkrug hinein. Plötzlich hörte er aus dem Bierkrug einen tosenden Applaus, der überschäumen wollte, heraus. Als sich der Hauch seiner verklungenen Rede im Bierkrug zu verflüchtigen begann, hob er den Krug wie eine Meeresmuschel ans Ohr, um sich davon zu überzeugen, dass der Applaus noch immer nicht aufgehört hatte. Zuerst ans linke, dann ans rechte Ohr. Dann wieder ans linke. Der Applaus hatte nicht aufgehört. Zuerst schüttelte er ungläubig den Kopf, dann nickte er heftig.

Die andern sagten nur: „Der Spinner da drüben unterhält sich mit seinem Bierkrug."

Kein Zweifel, er war nun ein gemachter Mann. Er hatte etwas entdeckt. Er grinste wie ein tapferes Schneiderlein. In der magischen Kristallkugel seines albernen Bierkrugs war ihm die Zukunft erschienen.

Habitus. Zuerst suchtest du nur Liebe, Zuwendung, *jemanden, der dich hält*; dann suchtest du *Halt* (in Glaubensartikeln und Verhaltensvorschriften); schließlich nahmst du *Haltung* an (erstarrend); am Ende den *Habitus*. Das ist der traurige Weg der Entfremdung, der vom Kuscheln zum Kuschen führt. So werden menschliche Grundbedürfnisse ein- und ausgebremst und in etwas ganz anderes umgebogen. Anstatt einander körperlich zu lieben, stehen diese Stockfische nun starr, jeder für sich, in der sozialen Landschaft und erwarten den Weltuntergang.

Wer will schon stattdessen, insbesondere im fortgeschrittenen Alter, seine zehn Zehen einzeln kennen lernen und sich mit ihnen über den Stand der Dinge unterhalten?

Es bedarf keiner „heiligen Eide“ und Einschwörungen, um davon überzeugt werden zu können, dass die Erde kugelförmig ist. Aber es bedarf schon mehr dieses finsteren Zeremoniells, um die Adepten von der „Erhabenen Weisheit“, die Erde habe die Gestalt einer Scheibe, zu überzeugen. Wenn diese Adepten auch noch jung, geistesbeweglich und erfahrungshungrig sind, muss ein besonders straffer Komment her – auch noch viel, viel Alkohol müsste zusätzlich fließen –, damit sie von jener „Erhabenen Weisheit“ zu überzeugen wären, sodass sie nachts dann lärmend durch die Straßen zögen und die Bürger verschreckten mit dem Schlachtruf: „Die Erde ist ein Pfann-, ein Pfanneku-, ein Pfanneku-u-u-chen!“

Die so brüllen sind Besiegte. Endlich sind sie so weit gebracht. Ein Deckel pickt ihnen auf dem Hirn.

Die fremden Federn, die man sich auf den Doktorhut gesteckt hat, machen einen nicht flügge.

Ein guter Stil ist Balsam für das Nervensystem.

Im Zug blickte ein junger Mann überrascht – und erfreut – her, ja er riss die Augenbrauen hoch, als er das Buch sah, das ich las: *Mein Karst*. Sein neben ihm sitzender Kumpan stand auf und starrte zu mir herüber, auf den Buchdeckel. Dann las er laut: „Mein Karst!“, das KARST betonend. Und schüttelte auflachend seinen Kopf. – Die beiden dachten, ich würde *Mein Kampf* lesen... Konnten es nicht glauben, dass jemand das offen tat, in einem Zug der ÖBB. Nein, es war aber das Buch von Scipio Slataper, dessen italienische Erstausgabe *Il mio Carso* (1912) betitelt war. Für Slataper ist der Karst der Ort der Einsamkeit, wo der Mensch zu sich selber zu finden hofft, die „Seele zwischen Büschen junger Föhren geht und nicht mehr leiden will, nur allein und dunkel bleiben“.

Es gibt Situationen, in denen Menschen an Magien sterben, die für die meisten andern schon gar nicht mehr existieren.

Seltenst – es sei denn, es handle sich um einen Mechanismus und nichts außerdem – begreifen wir etwas VOLLSTÄNDIG. Und zwar so, dass wir es insgesamt *und* in sämtlichen Einzelheiten begriffen. Und zwar nicht statisch, sondern auch in Bewegung begriffen, im Ineinanderspiel der Teile. Und DIE WELT begreifen wir in diesem Sinne schon gar nicht. Wir behelfen uns meist mit Überbrückungen. Auf unserer Wanderung durch den slowenischen Karst wollte ich schon sagen: „Die einzig legitime Weise, die Lücken zu überbrücken, ist Empirie, ist Lernen, nicht Ignoranz, Neglect“, aber das stimmt nicht ganz. Ich glaubte auch, monieren zu müssen (als eine menschentypische Nachlässigkeit): „Die meisten überbrücken ihre Unwissenheit nicht durch Kenntnisse, sondern durch Ignorieren, SCHEINBAR ist die Welt ihnen ein Zusammenhang – doch uns allen ist mehr oder weniger die Welt nur SCHEINBAR ein Zusammenhang, denn andauernd und überall sind Lücken, die überbrückt werden", dann meinte ich ein Hegel-Zitat noch nachschicken zu müssen: „Die bekannte Welt ist, weil sie bekannt ist, noch keine ERKANNTE Welt."

Doch da sagte die fürsorgliche „Klettermutter" in Osp, Frau Elica Vehar, die die dortige Bergwachtstation (unterhalb der berühmten Kletterwand), betreut, etwas Interessantes, Nettes (sie konnte perfekt Deutsch, sogar verschiedene deutschsprachige Dialekte; „wie haben Sie sich diese Kenntnisse erworben?" – „nur durch Lernen!"): „Noch a Glaserl Wein – und es wird funktionieren." Charmant. Also auch DADURCH (etwa Weintrinken) werden Überbrückungen geschaffen – oder sogar „Unterbrückungen", in der Tiefe; jedenfalls VERBINDUNGEN, um in einer immer wieder ganzen, vorläufig bis auf weiteres ganzen Welt leben zu können.

Der *Löschblattgott*: der negative, der überseiende Un-Gott. „Er wäre, wenn er etwas wäre, der schlechthin nicht-verletzte Nicht-Verletzende; zugleich bliebe er der für das, was dich wirklich verletzt hat, nicht Belangbare. So würde er der absolute Komplize deines Rechtes auf Neutralisierung dessen, was dich verengt und vernichtet hat." (Peter Sloterdijk, *Weltrevolution der Seele*)

Bei Franz Spunda: „Der Schmerz hatte den Jüngling zum Manne gereift, seine Stimme vibrierte in einer Schwingung innerst erlebter Tragik." (*Baphomet*) – Wie hier die Substantive wie Götter hervortreten: DER Schmerz, DER Jüngling, DER Mann.

Die Substantive fungieren als festumrissene Positionen eines tragischen Spielfeldes.

Ebenso Sünden- und Lasterkataloge: sehr tiefsitzende Bilder, *Typen* festlegend. Solch schlichtes Denken ist ein schlechtes Denken: ist eigentlich gar kein Denken. Aus Zeiten, in denen die Volksmassen analphabetisch gehalten wurden und man dafür eindrückliche BILDER beschwor. Dieses *Wiedererkennen* von Bildern ist kein wirkliches Denken oder ein Denken auf ganz niedrigem Niveau, ein Denken auf Sparflamme – jedoch ein *Handeln auf Stichflamme*, sobald die alarmierten Pharisäer zu VERFOLGERN werden. Als selbsternannte und selbstgerechte Gesetzeshüter und Gedankenpolizisten der Konvention.

Wie schwierig (andererseits dem *bewusst* Naiven leicht!) ist der Weg der Individualisierung, der Einzigkeit! Der bewusst Naive ist nicht simpel, kein simpler Gimpel. Der Simple im Unterschied zum Naiven liebt stets das, was er bereits kennt; er erfreut sich der „Anagnorisis", das *Wieder*erkennen ist ihm Erleichterung. Das Neue schreckt ihn, das Neue verteufelt er, verfolgt oder verabscheut es mit paranoischem Misstrauen. Erst wenn es sich lediglich als Variation erweist, auf etwas Bekanntes schließlich zurücklenkt, *ein*lenkt, erringt es nachträglich sein zögerliches, am Ende *erleichtertes* Einverständnis. Führt der Pfad aber auf das SCHLECHTERDINGS Neue, noch nie Betretene, wendet er seinen Blick ab. Je simpler sein Naturell, desto platter muss die Wiedersehensfreude ausfallen: das Vorurteil will sich SOGLEICH bestätigt sehen; die ganze Welt dient ihm nur als Beweis für seine Vorurteile.

„Was ist deine *Einstellung*?" – Eingestellt wie ein Radio, eine Brotschneidemaschine usw. Darin FIXIERT und immerselbig.

Ich lasse mir von der Sitte keine Farben aus der Palette brechen.

In Reiseberichten von christlichen Missionaren ist immer wieder zu lesen, dass sich die „Wilden" schließlich, weil sie die WIDER-NATÜRLICHEN religiösen Belehrungen ganz einfach NICHT ERTRAGEN KONNTEN, Kopfweh bekommend, verzweifelt die Ohren ZUGEHALTEN hätten.

Die Zähne des Gewissens wachsen immer wieder nach und graben sich ins eigene Fleisch.

Der „erste unbewegte Beweger“, lies: der erste ungetretene Fußtrittgeber.

Manches Mal betrachte ich uns Menschen allesamt als verschwindende Illusionen: wir befinden uns bereits als panisches Buchstabengedränge auf einer Seite des Geschichtsbuchs, die soeben umgeblättert wird und sind dann auf der Rückseite, *erdrückt* von der neuen Seite – die Geschichte liegt auf einmal *auf uns*, statt dass wir, wie bisher, *auf der Geschichte* lägen und darauf dahinsegelten. Kenternd werden wir gleich von den kalten Fluten der Vergangenheit begraben.

Die täuschende Vorstellung, dass man die Wahrheit „bei sich“ im Kämmerlein suchen und finden müsse – statt öffentlich. Eine Wahrheitssuche im Blick auf eine gelehrte Öffentlichkeit ist sicher ergiebiger.

Kierkegaard, der Känguru-Philosoph. Kierkegaard verglich sich selber einmal mit dem sogenannten „Hasen von Neu-Holland“.* Als solcher wurde von den westlichen Australien-Entdeckern zunächst das Känguru bezeichnet. Wenn wir nun in *Der Begriff Angst* so oft vom „Setzen“

---

* „Das Unproportionierte in meinem Körperbau besteht darin, dass meine Vorderbeine zu klein sind. Gleich dem Hasen auf Neu-Holland habe ich ganz kleine Vorderbeine, aber unendlich lange Hinterbeine. Gewöhnlich sitze ich ganz stille; mache ich eine Bewegung vorwärts, so ist das ein ungeheurer Sprung, zum Schrecken für alle, mit denen ich durch Bande des Geschlechts und der Freundschaft verknüpft bin.“ (*Entweder-Oder*)

und dann wieder „Springen“ lesen, wobei er das „Setzen“ von Fichte und andern deutsch-idealistischen Konsorten her hat, der „Sprung“ hingegen seine originäre Hinzutat ist, dann kann es nicht schaden, sich die Fortbewegungsweise des Kängurus dabei vorzustellen, das abwechselnd, auf seinen Stützschwanz gestützt, sitzt, und dann wieder springt und springt und springt.

Hübsche Tier-Metaphern manchmal bei Philosophen: Die latente Sünde, das Leben zum bloßen Kontinuum zu verflachen, in Gerede, Scherz und Zeitvertreib sich über das qualitativ Andere, über den „qualitativen Sprung“ zu täuschen, der dann die manifeste Sünde ist: jener „qualitativen Sprung“, welcher, so Kierkegaard, „wie der Ameisenbär in dem vom losen Sande gebildeten Trichter auf der Lauer liegt“.

Vergangene Nacht (25.9.2010) Lektüre eines tausend Jahre alten Buches: von Abu-Muhammad Ali Ibn-Hazm Al-Andalusi, *Halsband der Taube. Über die Liebe und die Liebenden*. – Darin auch, aber nur ganz kurz, ein philosophischer (hier scholastischer) Kategorisierungsversuch; zum Glück quillt das Werk von empirischen Berichten, Erzählungen und Gedichten über, und die „Philosophie“ bleibt im Hintergrund, ja Eckensteherin. Es erweist sich bei der Lektüre dieses Buches auch wieder, dass das *Aller-Zeitbedingteste* immer das Philosophische (im Sinne des jeweils *Schul*philosophischen seiner Zeit) ist. Ebenso und freilich mehr noch muss man Kierkegaard, den *Schriftsteller*, aus der deutsch-idealistischen Terminologie, die er gebrauchte, förmlich herausharken. Ich lese Kierkegaard wegen solcher Stellen wie der oben zitierten: „wie der Ameisenbär in dem vom losen Sande gebildeten Trichter auf der Lauer liegt“, ja, ebenso liegt in Kierkegaard andauernd der Schriftsteller, der *Poet* auf der Lauer, den er zeitlebens, des religiösen Ernstes wegen, niederzuringen suchte. Andererseits wäre zu überlegen, ob Kierkegaard ohne die Philosophie – diesenfalls hauptsächlich die Hegelsche – dann ein „reiner“ Schriftsteller geworden wäre, ein Romanautor, ein Poet? Wohl nicht; er brauchte die Philosophie, um *daraus* seine Funken zu schlagen – als *Reibefläche* zur Zündung seiner in ihm schlummernden, nein, wie jener Ameisenbär auf der Lauer liegenden Gedanken und zur *Ent*zündung seiner Gedankengefühle, Gefühlsgedanken. Ganz ähnlich Nietzsche.

Aufs erste unwillkommen der Schulphilosophie, nur zögernd willkommen der Literatur, weder hier *ganz* noch dort *partiell* hineingehörend, ist solches Schreiben hingegen dem *Leser* am meisten willkommen! – Der Betrieb will ein Individuum schnell unter Dach und Fach bringen können und ist weder bereit noch hätte er die Mittel, jenen grandiosen Zwittern, jenen *Tragelaphen* den *Palast der Verwöhnung* zu errichten, den sie verdienten.

Der Vater führte mich als Kind rasch am Affenhaus vorbei, wegen möglichem Sex dort. Während mein sechs Jahre älterer Bruder schon die lateinischen Bezeichnungen für die Wolkenbildungen hersagte: Zirrus, Zirrokumulus, Zirrostratus, Altokumulus, Altostratus, Stratokumulus, Stratus, Nimbostratus, Kumulus, Kumulonimbus (sie aber immer wieder durcheinanderbringend), übte ich mich, damals noch Kleinkind, erst nur im bloßen *Ertragen*lernen des Himmels. Rücklings im Gras liegend, wagte ich nur für kurze Momente hinaufzublinzeln, so schrecklich war mir die Höhentiefe des Himmels. Später hielt ich Cunnilingus zunächst irrtümlich für eine Wolkenbildung.

Er war ja in seiner Pubertät so lächerlich, dass er in einem Provinzkirchenblatt Leserbriefe gegen die Lust schrieb.

Als ich vorschlug, einen weitentfernten Verwandten von uns, nämlich einen Berg-Gorilla, zum internationalen Verwandtentreffen mitzubringen, wurde ihnen plötzlich die Verwandtschaft mit *mir* peinlich, und sie befanden, auch ich solle, gleich dem Gorilla, dem Treffen lieber fernbleiben. Dabei hieß es in der Einladung ausdrücklich, sie würden sich auch über das Eintreffen von *ganz* weit entfernten, über das ganze Erdenrund verstreuten Verwandten freuen.

Geträumt von einem Bauernhof in der Schweiz. Man zeigte mir riesig formatierte, monochrome Kinderfotos – noch aus den Anfangszeiten der Fotografie. Die Fotos befanden sich in Mappen, die mit vielleicht chinesischen Piktogrammen beschriftet waren. Die alten Bauersleute betonten *feierlich*, jedes ihrer Kinder sei heilig; sie sprachen davon, dass die freie Entwicklung eines jeden das Heilige sei; dass ihnen jede Gestalt, die eines ihrer Kinder annehmen würde, willkommen sei, und sie öffneten und schlossen vor mir diese riesigen altertümlichen Mappen, so zeremoniös, als handelte es sich um ein Evangeliar.

„Auch Robert Walser ist hier aufgewachsen“, sagte mir der alte Mann.

„Wir haben nie etwas anderes verehrt als den Eigensinn unserer Kinder“, sagte die Frau – und der Mann nickte zustimmend.

„Egal, *was* aus ihnen wird.“

In den Bäumen bewegte sich eine alte morsche Schaukel vom Wind.

Der Eigensinn ist der eigene Sinn.

Manche Formen des Selbstzweifels möchte man direkt als *antisozial* bezeichnen.

Den Gedanken des *linearen* Lebenslaufes aufgeben. Stattdessen gleichsam auflodernde, aufstrahlende Sterne, Ereignisse, die wiederkehren: gelingende Texte, Lieben, Hoch-

und Tiefstimmungen. Doch nicht betonen das Zirkuläre, sondern das Insuläre, Aufleuchtende und wieder Verlöschende, erneut andernorts Aufleuchtende, Verlöschende.

Der Zersplitterte. Einige berühmte Theoretiker nennen unser Leben und Erleben ein *fragmentarisiertes*. Man hat unter einer solchen Prämisse, dass das Leben von vornherein ein stückweises ist, Pech, wenn man, sich deshalb für „schizophren“ haltend, einem Seelenklempner anvertraut, in der Hoffnung, sich als „Ganzheit“ wiederherstellen lassen zu können. Denn es gäbe unter obengenannter Prämisse wahrscheinlich ja gar keine Schizophrenie, sondern dies wäre die ganz adäquate, jedoch viel schärfere Wahrnehmungsweise der ohnedies, auch ohne uns, fragmentierten Welt. Der Schizophrene ist vielleicht nur der weniger abgestumpfte, der sensitivere Beobachter und Fühler dieser fragmentierten Welt, der obendrein nicht selten auch als spekulativer oder schamanistischer Selbstquacksalber sich versucht, sich darin in den Augen der stumpferen andern bis zur Unkommunizierbarkeit verstiegen hätte.

Als du deine Scherben, deine Splitter zu *einem* Gefäß zusammenzusetzen suchtest, scheitertest du. Sosehr du dir Mühe gabst, die Scherben sinnvoll zusammenzusetzen… es fruchtete nichts. Es waren allzu viele Scherben, die nicht zueinanderpassten. Also nahmst du zunächst an, das Gefäß müsste größer, viel größer dimensioniert sein! Du gingst schließlich von einem riesengroßen, unermesslich, ja *unendlich* großen Gefäß aus. Bis du auf einmal bemerktest, dass es Scherben *mehrerer kleinerer, ziemlich verschiedener* Gefäße, aber auch *anderer* Gegenstände, Statuetten, Öllampen usw. waren. Und als nun dein Dich-Zusammensetzen endlich Konturen gewann, konnte man sehen, dass du (wie jeder) aus einer *Mehr*zahl zusammengesetzt bist: und zwar einer Mehrzahl sich vollenden könnender Formen. Wie lange etwa hattest du herumprobiert, die Scherben des Erotikers, der in dir schlummert, mit den Scherben des Asketen, der in dir wacht, zusammenzufügen! Es gelang nicht. Nun aber siehst du: in dir steckt sowohl ein *ganzer* Erotiker als auch ein *ganzer* Asket. Sie stehen *nebeneinander.* – Vielleicht bist du, vielleicht ist überhaupt der Mensch ein ganz achtbarer archäologischer Fund, eine Schatzkammer der Verschiedenheiten.

Andere, die vor einem ähnlichen Problem wie du standen, begannen bereits, die Kanten der Scherben abzuschleifen, um *so* das Zusammensetzkunststück zu bewerkstelligen: sich zu einer – wie sie sagten – *wahren Ganzheit* zu vollenden. Sie benahmen dem Erotiker in sich die Kanten, ebenso dem Asketen. Sie stumpften sie ab, sie stumpften ab. Mit solchen abgestumpften Scherbchen konnte man alles Mögliche nun bauen. Oder einige findige Köpfe kamen schließlich auf die Idee, die Scherben allesamt zu zerstoßen und zu zermahlen, um danach mit Sand oder Zement zu bauen. Auch *so* würde man mit der Herausforderung zu Rande kommen. Du aber, der du mit einem einzigen Geistesblitz plötzlich die Vorstellung, eine Ganzheit sein zu sollen, aufgabst, hast nun den archäologischen Schatz authentisch rekonstruiert: als eine Vielzahl schöner, magischer, eigensinniger Dinge, die nicht vereinbart werden müssen, jedoch nebeneinander gestellt werden können.

Du musst deine Varietäten nicht zu einer Eins bügeln: sonst würdest du womöglich zu einer Null.

Nietzsche, der seine weltberühmten Hauptwerke schon verfasst hatte, muss auf einmal mit zitterndster Handschrift, Buchstabe um Buchstabe, es mit sich sträubender Feder unterstreichend, auf ein Titelblatt schreiben: *<u>Der Antichrist.</u> Fluch auf das Christentum*. Als gälte es, einem ungeheuren *Sog*, der ihn in die Kinderstube mit dem lutherischen Einmaleins-Katechismus zurückziehen und seinen höchstentwickelten Intellekt zur Regression zurückzwingen möchte, standzuhalten. Hier fesselt sich einer förmlich an die Reling, um nicht in jenen feindlichen Ozean hineingeschwemmt zu werden, der ihn als erwachsene Person auszulöschen droht. – Jene Fangschlingen warten auf unsere schwache Stunde. Sie sind nicht sicher desaktiviert.

Gerade weil ich ein eminent *dienendes* Wesen wäre, will ich nicht unterworfen werden! Wer mich zu unterwerfen, *an*zuherrschen versucht, weckt damit in mir *Fremd*schaften (eine Analogbildung zu „Eigenschaften").

Dankbarkeit. Wie Dr. Samuel Johnson über einen Menschen, der ihn als einer der ersten anerkannte und erkannte (nämlich Warburton, das ist aber in unserem Zusammenhang jetzt kaum von Belang), schrieb: „Er erkannte mich an, zu einer Zeit, als Anerkennung für mich von Wert war."

Früher, als ich noch nichts konnte, sagten sie, mich täuschend: „Du kannst schon so viel"; jetzt, wo ich wirklich einiges kann, sagen sie: „Du kannst uns mal."

„Bei uns werden Sie *persönlich* ignoriert", mit einem solchen Spruch versucht sich ein kleiner Wiener Verlag als geistreich zu positionieren. Sollte man das sogar als Einladung verstehen? Bei allem „Schmäh" bleibt ein Wermutstropfen darin – zu sehr kennt man das aus Österreich, das höchstpersönliche Ignorieren. Und erinnerlich wird dabei, dass „Schmäh" (der berühmte Wiener Schmäh) doch mit „schmähen" zusammenhängt, davon kommt. Vielleicht bedürfte es einer spezifischen Wiener Humorwindung mehr, um den Hautgout eines solchen Satzes goutieren zu können. Sicher könnte man sich philosophisch weiterhelfen: dass wir immer den andern mehr oder weniger ignorieren, auch bei allergrößter Aufmerksamkeit, ihn *verkennen* – und daher wäre in einem *persönlichen* Ignorieren, Verkennen zumindest eine indirekte Note der Beachtung implizierbar. Aus einer verschrobenen Diskretion zeigst du diese Beachtung nicht. Aber das ist schon eine Windung zuviel. Ist bereits *verschroben*, einem zivilen normalen Menschen bereits nur mit Mühe erklärbar. Der Wermutstropfen, die Bitterkeit bleibt jenem Satze eigen. – Noch meditierend, ja durchaus sogar hadernd mit dem Satz, las ich dann auf dem T-Shirt eines Edel-Punks einen andern, der meine Stimmung nachhaltig aufbesserte: „Ich lass es jetzt so“. (Vereinbar mit einer *Ethik der Unabgeschlossenheit*: ein Punkt darf gleichwohl gesetzt werden, man darf abschließen, z.B. den Prozess des Sich-Schminkens oder des Aquarellierens; das Vorhaben oder das Gebilde mag in sich unabgeschlossen und unabschließbar sein, dennoch besteht der Kunstgriff, häufig sogar der entscheidende, darin, *es jetzt so zu lassen*. Da handelt es sich nicht um einen Wermutstropfen mehr, sondern um ein *punctum saliens et solvens*.)

Inhalt

Peter Hodina in der AVINUS AutorenEdition

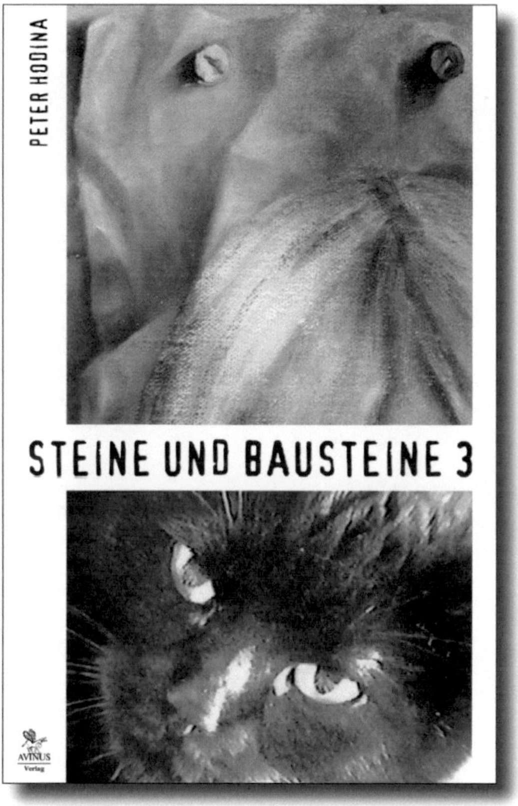

Peter Hodina: Steine und Bausteine 3
160 Seiten, ISBN 978-3-86938-003-2
17,90 EUR

Weitere Titel der AVINUS AutorenEdition finden Sie unter: www.avinus.de